基于国家课程的创客教育系列丛书

创客，跟我来

丛书主编	姬文广　段全庆
丛书副主编	孙红保　连　珂　蔺雪生
本册主编	姬文广　曹淑玲
本册副主编	朱　萍　梁红杰
本册编委	樊俊民　石　毅　朱　萍 梁红杰　陈光军　孟志伟 田　燕　消　波　陈党庆 张红勋　郑汉波　蔺雪生 曹淑玲　姬文广

河南科学技术出版社

·郑州·

图书在版编目(CIP)数据

创客,跟我来/姬文广,曹淑玲编. —郑州:河南科学技术出版社,2017.4(2023.2 重印)

(基于国家课程的创客教育系列丛书)

ISBN 978 - 7 - 5349 - 8480 - 8

Ⅰ.①创… Ⅱ.①姬… ②曹… Ⅲ.①中小学生 - 创造教育 - 研究 Ⅳ.① G632.0

中国版本图书馆 CIP 数据核字(2016)第 288175 号

郑州市教育局教学研究室重点项目研究成果

出版发行:河南科学技术出版社

地址:郑州市郑东新区祥盛街 27 号　　邮编:450016

电话:(0371)65788613　　65788885

网址:www.hnstp.cn

策划编辑:黄甜甜　张春龙

责任编辑:张春龙

责任校对:柯　姣

整体设计:张　伟

责任印制:张艳芳

印　　刷:永清县晔盛亚胶印有限公司

经　　销:全国新华书店

幅面尺寸:185 mm×260 mm　　**印张**:7.75　　**字数**:165 千字

版　　次:2017 年 4 月第 1 版　　2023 年 2 月第 2 次印刷

定　　价:48.00 元

序 言

让学生人人成为创客

郑州市教育局　田保华

创客，作为自信执着、乐观勇敢、善于发现并将奇思妙想变成现实的“顺时代人群”，是新世纪的造梦者、逐梦者。他们是以个性需求为导向，追求自身价值实现的创意精灵；他们将跳跃着的梦想音符编织成美妙的音乐，用智慧的火把照亮未知的夜空，成为技术产业领域中最鲜活的血液；他们以强大的生命力，推动和引领新一轮产业革命，也为教育的改革与发展提供了新的方向。

一、人类社会第四次教育革命的实质与核心

“创客运动”是在全球范围内推广创客理念和推进创客实践的时代潮流，包括开放共享的理念、动手实践的精神以及对新技术的极致追求等。在创客运动的带动下，创客教育日渐兴起，学生被看作是知识的创造者和贡献者，而不仅仅是消费者。“过去教材是学生的世界，今天世界是学生的教材”。创客运动正在创造一种教育文化，鼓励学生参与其中并针对现实世界的问题探索创造性的解决方案。

如果说微课是信息化环境中的教学资源，慕课是在线教学平台，翻转课堂是教学方法论的话，那么，创客则是最终的培养目标。透过微课、慕课、翻转课堂和创客教育，我们可以清晰地看到第四次教育革命所带来的教育理念和教学模式的变化，即基于班级授课制，以教师、教材、教室为中心的知识传授模式，逐步让位于基于广泛学习资源，以学生、问题、活动为中心的能力培养模式。这种教育理念和教学模式的变化，才是第四次教育革命的实质与核心。

二、中小学生要先会“造”再去“创”

创客教育，是普及教育不是精英教育，是一种不以比赛为目的的、让每一位学生都能参与的学科融合性的、实践性的、创造性的学习活动。它视学生为知识及物化产品的生产者，并且让学生在物化知识中学习，在这个过程中每个学生都是创客。建构主义学

习理论相信学生是通过建构一个可以分享的物品来学习的，叫作“建构以思考”，通过做东西去思考，而不仅仅是让学生只停留在对知识的记忆上。

创客的本意是“制造者”，指的是那些出于兴趣爱好，把各种创意“转变”为现实产品的人。我们要特别关注“转变”这个词！就整个国家而言，要从“制造”走向“创造”，需要的是创意、创新。但对每一个个体而言，创客运动呼吁大家从物的消费者走向物的创造者。要实现这种转变，不仅需要创意、创新，同时还需要会“制造”，能“做”出一个实物出来。细想起来，“造”应该在“创”的前面，因为如果你只有创意，却不能用自己的双手造出东西来，那你仍只能去消费别人造的东西。

在基础教育阶段，应该重点帮助孩子打好基础，练好基本功——“造”。即使现在大家都在谈创造创新，学校还是不要被这股热潮冲昏了头脑，就算喊着“创”的口号，实践中也应该多侧重点“造”，而不要过度苛求学生出创意、会创新。更重要的是要让尽量多的学生参与进去，动起手来，“制造可以触摸的实实在在的物品”。人的成长是有一个过程的，小的时候会“造”了，长大有了一定的条件，“创”是水到渠成的事情。这是符合规律的，因而是道德的！

三、教育人要担当起应该的“教育担当”

李克强总理曾经指出：“让创客一代的奋斗形象伴随着中国经济的升级，成为创新中国、智慧经济的重要标识。”实施创客教育，是我们这些教育人的教育担当。

一是要解决“观念孤岛”问题。

首先，要重新认识“创新”，很重要的含义就是“更新与改变”。新世纪推进了15年的课程改革本身就是创新，课程、课堂、评价等都需要重建，变教学管理为教学诊断、教学改进、教学提升，变听课为看课、观课；变教室为学室，变教材为学材，变教案为学案，变教学目标为学习目标；基于标准的教学，基于思想与方法的教学，教学从“双基”走向“四基”，更关注教、学、评的一致性，教育质量综合评价、绿色评价、区域教育健康体检、增值评价等等。

其次，要“+”上互联网思维。运用“跨界思维”，让教师拆除思想的藩篱，以跨行业、无边界的思维来思考问题；运用“平台化思维”，建构多方共赢的生态圈；运用“大数据思维”，来改善自己的教学行为；运用“碎片化思维”，把学习分解到非正式场合；运用“迭代思维”，在不断的自我反思中成长；运用“免费思维”，让教师学会知识共享；运用“用户体验思维”，促进教师“以人为本”理念的确立。

第三，要树立“生活设施”观念。信息时代赋予教育公平新的内涵，互联网就像道路、水、电一样是一种必不少的生活设施，如果我们不能为孩子们提供这种生活设施，就无法缩小数字鸿沟，也无法实现信息公平。“互联网+”所体现的是以人为本、人人受益的普惠原则。要强调的是“利用网络既可以解决共性问题，又可以解决个性问题；在这个时代，一定要满足学生的个性化学习需求”。

第四，要确立“创客是课程改革的新生力量”的理念。新课程改革的核心理念，就是要转变教师教的方式和学生学的方式，这与创客教育的理念是一致的。创客，既是课程改革的新生力量，又是课程改革新的载体和新的抓手。让我们的学生在搜索信息、选择信息、使用信息、创造信息的基础上，成为学习资源的创造者、建构者，成为知识的物化者，从而走上创客之路。

二是要解决“学”而不“习”问题。

子曰：学而时习之，不亦说乎？强调的是“习”的重要性。习，就是做、动手、实践。课程改革 15 年了，有些人课堂上还是一讲到底，用自己的“讲”代替学生的“学”，更不用说“习”了。他们心目中的“习”就是作业，重复的海量的作业，就连理化生实验操作课，也还是课本上做实验，黑板上做实验，学生根本就没有动手的机会。这不是条件装备的问题，而是理念问题，是还学生“学习权”的问题。学习方式，是一个人的生存方式、思维方式、成长方式、发展方式。新课程所倡导的“自主、合作、探究”的学习方式所承载的是我们国家的教育梦想。

三是要创设学校“创客空间”。

要像装备图书馆、实验室一样，为学生装备创客空间，让学生们去玩创“造”。学校创客空间要做到“三有”：有一个固定的场所能够让学生来造物，而且在课余时间学生绝对能够进入这个场所；有一个老师能够陪着孩子们去做，而不一定是指导，因为孩子要做的东西太多；有一系列课程来教孩子们怎么造物。结合每年一次的全市中小学生科技创新大赛，要每年举办一次“创客大赛”。从 2016 开始，像招收体音美特长生一样，在省示范高中试点招收“创客人才”。

四是要创新学习生活，让学生喜欢上学。

兴趣是最好的老师。知之者不如乐之者，乐之者不如好之者。要增强学生的学校归属感，让学生喜欢上学，就要创新学校的学习生活，让学习生活有意义、有价值。要让我们的孩子望得见童年那郁郁葱葱的“青山”，看得见童年那碧波荡漾的“绿水”，记得住童年“梦乡”的“乡愁”。要让我们的孩子清晰地记得住童年的梦的生成与升华，做梦的心路历程，获得梦想实现的幸福！要让学校成为孩子们终生怀念的地方！

五是要建立中小学生创新教育基地。

市、区（县）教育行政部门，各级各类学校都要在科研院所、企业等社会单位、机构建立不同层次的“创新教育基地”，让我们的学生有地方玩“创新”，玩创“造”。

创客，就像一粒粒神奇的种子，播撒在时代的土壤上，为时代的变革培育创新力量。时代的变革终将引领一场以创客为主导的产业革命，创客必将成为技术产业领域中最鲜活的血液，终将爆发出强大的生命力量。未来的经济将是鲜活的创新经济，未来的教育一定是为经济发展服务的教育，而创客精神正是教育改革与发展的不竭源泉。

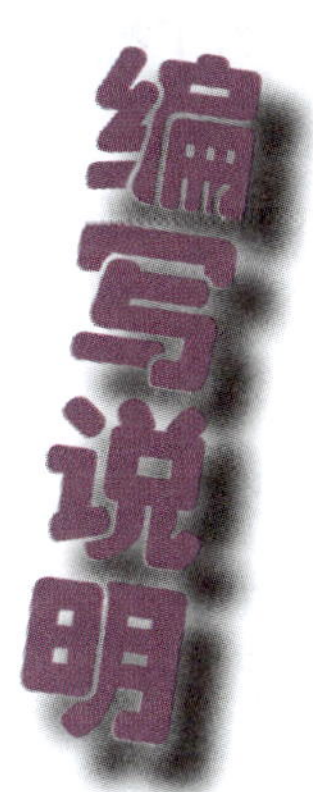

2015年，国家在《政府工作报告》中提出了“大众创业，万众创新”的号召，2016年6月教育部出台了《教育信息化“十三五”规划》，提出要“积极探索信息技术在‘众创空间’、跨学科学习（STEAM教育）、创客教育等新的教育模式中的应用，着力提升学生的信息素养、创新意识和创新能力……”创客，已经成为这场教育改革的代名词。

创客教育体现的是教育的本质、学习的本质、人的发展的本质，是未来基础教育发展的一个新方向。创客教育不仅需要创客精神的引领，还需要营造创客文化的氛围。从2015年11月至今，郑州市教育局陆续下发了《关于成立郑州市创客教育工作领导小组的通知》《关于开展创客教育的实施意见》《关于切实推进中小学创客教育健康发展的指导意见》等三个文件，从行政上有力推进了郑州创客教育的发展。郑州市教育局教学研究室因势成立了“郑州创客创课项目组”，围绕创客教育相继展开了一系列的研讨活动，力争在国家基础课程中融入实践体验性创客课程，达成创客教育的可操作性及普及性。

《创客，跟我来》是郑州创客创课项目组推出的第一本创课教育通识读本，其编写人员来自不同学科，都有多年的社团辅导和教学经验，在国家级教师技能大赛、校本课程开发评比、创新设计大赛等比赛中多次获得优异成绩。这是一本创客启蒙读物，全书分为四章，分别为创客密码、创客智慧、创客技能、创客案例，介绍了创客的起源、精神、文化，从兴趣引导、思维方式、造物技能、典型案例等方面，点燃了同学们成为创客的欲望和激情，奠定了他们迈向创客之路的基石。我们在编写本书之前，也试着搜集参考全国有关创客教育方面的教材、读物，由于创客教育在全国刚刚起步，也只是找到了一些企业产品配套的操作手册或培训材料，比如初步认识 3D 打印、机器人制作入门等，或偏重于某一个产品，或有些内容知识较深，或有些内容比较单一，不能算是完全意义上的创客教材。为了推进创客教育的普及性开展，我们特组织人员编写了本书。

《创客，跟我来》这本书的价值在于它是一本通识读本，既可作为中学生创客教育的入门教材，也可以作为创客教育工作者的参考资料。本书既有理论又有实践，立争站在学生的视角，运用浅显简洁的语言，来描述复杂的技术成果和产品。本书既注重创客技能的指导，又注重创客思想的启蒙。本书采用图文并茂的方式，尽量选取学生身边的熟悉事物作为案例，让技术走近生活，走近学生，让技术不再那么神秘。它有别于单一的产品培训手册，在全国许多地方对创客教育还在观望的时候，我们这样一群敢为天下先的人，用自己的认识和理解，在短时间内开创性地完成了这本读物，质量的高低可以商榷，但起码它给全国创客教育研讨提供了素材，这也是创客精神的一种体现吧。

既然是一项开创性的工作，肯定有值得商榷的地方，创客既是一个过程，也是一个结果，由于篇幅所限，无法把塑造一个完整创客的全过程进行详细记录，只能选其精华。由于编写时间所限，一些案例还可以再进一步精选和完善。由于作者水平所限，书中肯定会有不妥之处，还请社会各界人士、各位同行、专家批评指正。

做了牛，就不要误春！教育改革永无止境，创客教育必将作为教育改革的切入口，推动学习方式由被动学习向主动学习转变，由浅层学习向深层学习转变，由独立学科知识学习向跨学科知识学习转变。既然目标是远方，那就风雨兼程！创客，我们在路上……

CONTENTS 目 录

第一章 创客来了

第二章 创客智慧

第三章 创客技能

第四章 创客案例

罗曼·罗兰在《论创造》中，将生命比喻成一张弓，把创造比喻成箭手。人之伟大，在于创造，在于更新这个世界。历史，就在人类循环往复的生存、繁衍、创造、更新之中进入到纷繁的 21 世纪。而这个以融合了互联网、大数据、云计算、人工智能等为特征的时代又为“创造”赋予了全新的概念和丰富的内涵，并催生出了一个风靡全球的名词——创客，一个具有划时代意义的新浪潮——创客运动。

本章从创客的起源、发展、分类和趋势等方面，揭开了“创客”的面纱。从普普通通的学生到大国元首都在关注创客，它已经成为一种潮流。创客，真的来了！

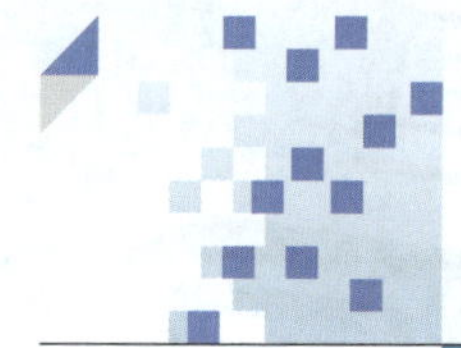

1.1 创客密码

任何一件新事物的产生与发展，都与历史发展的规律和契合点有必然的联系。从1946年世界上第一台电子计算机问世，到1969年互联网诞生，再到当前飞速发展的信息技术创新和不断涌现的信息技术产品，信息技术应用正在对全球经济运行、社会发展、国家治理、人民生活产生全局性和根本性的影响。技术的快速发展、制造材料的不断丰富及应用成本的逐渐降低，为人们自己动手设计、制作与创造产品提供了更多可能，也推动了创客运动的兴起与发展。

一、工业革命

变革，革命，永远在推动着历史的前进。以蒸汽机的发明和使用为标志的第一次工业革命开创了18世纪以机器代替手工劳动的时代；以电气能源的发明和使用为标志的发明和使用的第二次工业革命在19世纪让人类进入到了电气时代；以原子能、电子计算机、空间技术和生物工程的发明和应用为主要标志的信息技术革命被称为第三次工业革命；第四次工业革命是以互联网产业化、工业智能化、工业一体化为代表，以人工智能、清洁能源、无人控制技术、量子信息技术、虚拟现实以及生物技术为主的全新技术革命。

人们总会在每一次革命之时发问：新的世界会变成什么样？待身边的世界真的变化之后，才会猛然惊醒：我该怎么办？

图 1.1-1　工业革命的进程

站在第四次工业革命的门口，有一批努力把各种创意转变为现实的群体，这样的群体在中国被赋予了一个新的名字——“创客”。

图 1.1-2　把创意变成现实的群体

二、创客

创客是不以盈利为目标，把创意转变为现实的人。

创客更是热衷于实践和创造，善于挖掘新技术和跨界合作，倡导创新和行动，乐于知识分享和思想交流的群体。

创客主要集中在以艺术、制造和工程化为主题的领域，能够熟练运用各种相关工具。创客是创客活动的主体，创造并传播创客文化，是创客空间的管理者和使用者。

图 1.1-3　《创客新工业革命》

2012 年，被称为“站在时代最前沿并总是第一个吹响商业变革号角的预言家”的克里斯·安德森所著《创客：新工业革命》一书在中国出版，这本书所激起的生产、创新和制造业变革让“创客”一词迅速风靡中国。创客最早源自美国麻省理工学院（MIT）微观装配实验室（Fab Lab）的实验课题，此课题以创新为理念，以客户为中心，以个人设计、个人制造为核心内容，参与实验课题的学生即“创客”。

15 岁的华裔少年肯尼斯·筱冢为患阿尔茨海默病的爷爷研制出了智能袜子，2015 年获得了美国《科学人》杂志的科学应用奖。下面让我们一起来看看他是如何将创新与现实做到完美结合的。

凌晨三点一刻，爷爷忽然从床上坐起来，就在他穿着袜子的左脚接触地板的一刹那，肯尼斯的手机响了，那是他毕生难忘的瞬间。凭借一双袜子，亲人能随时知道爷爷的动向。

作品源于他的家庭生活。在肯尼斯记忆深处最恐惧的是 4 岁的那一天，一起在公园里散步的爷爷突然不见了。从此，他目睹了爷爷因为到处乱走，使得他的家人必须整晚醒着盯着爷爷，即便如此也会有疏忽没看住的时候。

肯尼斯想出了一个解决办法：感知到“压力”并通过无线信号传输到设备中以提醒看护人。在这个设想里要解决三个问题：首先要打造一个可穿戴的传感器，经过无数次实验，最终采用的是电子墨水打印的薄膜式传感器；其次需要设计一个低功耗的电路，最终采用的蓝牙技术只需一颗纽扣电池，就能避免“袜子”半夜没电的尴尬；最后还要编写一个手机App程序，充当接收信息的远程“报警器”。一款为阿尔茨海默病患者制作的“袜子”诞生了。

在此后长达一年的实验里，全家阻止了爷爷的900次“出走”，成功率为100%。“我永远也忘不了第一次成功地捕捉到我爷爷半夜下床的时刻。”当那双装有感应器的袜子触地的瞬间，肯尼斯好像被一种神奇的力量击中了，那绝不仅仅是随之响起的手机报警音。

三、创客运动

创客运动，是世界各地正在进行的技术和创意的革命，是在全世界的范围内，人们利用身边的各种材料及计算机相关设备、程序及其他技术性资源(如开源软件)，通过自己动手或与他人合作创造出原创性产品的行动。

在这个“轻击鼠标就可以建立工厂”的时代，传统的制造业发展成为人人可以参与的虚拟化的制造业。克里斯·安德森指出了“创客运动”三个变革性的共同点：

人们使用数字桌面工具设计新产品并制作模型样品（DIY 制造）；

创客们在开源社区中分享设计成果、开展合作已然成为一种文化规范；

图 1.1-4　在创客空间分享、交流设计成果

通过通用设计文件标准将设计传给商业制造服务商，以任意数量规模制造所设计的产品，也可以选择使用桌面工具自行制造。

图 1.1-5　将创客成果运用到商业制造

创客运动所提倡的最重要的是“创造”,创造出这个世界需要却尚未被人们了解的产品，从个体开始，个体化与群体化、小型化与全球化并存，工匠精神与创新科技兼具，集合众人之力，利用数字工具和互联网的力量，共同促成产品的诞生。创客运动的跨界融合与开放生态的特性，让人们看到了这场变革重塑产业结构和社会结构，进而改变世界的力量。

四、创客分类

广义上，创客运动让创客融入各个领域，中国教育学会结合各领域特点将创客初步分为以下七种类型。

1. 手工制作创客：以直接动手动脑为特征的各类立体（空间）设计以及手工作品的构建或制作活动，包括陶艺、土艺、编织、纸艺、布艺、木艺、金工等各类手工制作活动；

图 1.1-6　手工制作创客

2. 数字制造创客：采用三维设计软件和各种数字制造工具，将设想变成数字模型或实物作品，主要包括 3D 打印、激光切割、激光雕刻等。

图 1.1-7　数字制造创客

3. 智能硬件创客：采用 Arduino 等开源硬件平台，结合各种传感器和机械控制装置，设计与制作能够智能化地满足人们各种需要的硬件作品，主要包括电子艺术作品、实用电子设备、智能控制装置等。

4. 数媒创客：围绕一定的主题，利用多媒体工具和虚拟现实技术（VR）、增强现实技术（AR）等，将文字、图形、声音、视频、数字模型等多种媒体形式组合起来，形成跨媒体的数字化作品。

图 1.1-8　智能硬件创客

图 1.1-9　数媒创客

5. 科普创客：以传播科学技术知识为目的，采用一种或多种工具开展科普作品创作活动，如科普文学作品、科普展品、科普艺术作品、科普游戏等。

图 1.1-10　科普创客

6. 益智与数学创客：以长智慧、增本领、强能力为目的，采用一种或多种手段开展设计创作活动，如玩具设计与创造、魔术设计与活动、数学设计与创作、数学实验设计、益智学具与活动等。

图 1.1-11　益智与数学创客

7. 发明创客：以有效解决学习、生活和工作中的实际问题为目的，采用一种或多种工具开展发明作品创作活动，包括教具、学具、生活用品、生产工具等。

图 1.1-12 发明创客

创客运动给人们展现了人生的理想状态——按照自己的方式去度过一生。无论在哪个领域都能成为创客，然后人才能从世俗的外在目的中解脱出来，找到人的自由和丰满。也只有这样，才能适应这个瞬息万变的时代。

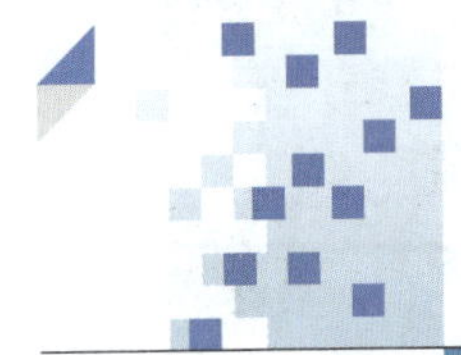

1.2 创客，势不可挡

全球创客运动的蓬勃发展也为创造、创业、教育的创新改革提供了新的契机。

一、创造

就整个世界而言，要从“制造”走向“创造”，需要创意、创新。但对每个个体而言，创客运动呼吁大家从物的消费者转变为物的创造者。要实现这种转变，不仅需要创意、创新，同时还需要会“造”，能“做”出个实物来。“造”应该在“创”前面，如果你只有创意，却无法用自己的双手造出东西，那么你仍然停留在“消费”阶段。

Adrian Bowyer 博士就是一名具有这样特质的创客，让我们一起了解一下吧！

Adrian Bowyer 博士是 RepRap 快速复制原型理念的创立者。他发明的 RepRap 是最早的低成本 3D 打印机，他的研究掀起了开源 3D 打印机的一场革命。Adrian 于 1952 年出生在伦敦，1973 年毕业于伦敦帝国理工学院机械系，并获得摩擦学博士学位。1977 年在巴斯大学数学系从事随机计算几何研究，是微处理器中心的负责人，此中心后来转化成巴斯大学计算机服务中心，1984 年开始任巴斯大学机械系的讲师，随后升为高级讲师。2012 年从大学离职，专心致力于 RepRap 方面的发展研究。

2008 年，3D 打印开源之父——英国 Adrian Bowyer 博士成功发布全球首款开源的桌面级 3D 打印机 RepRap。他将机械设计图纸、电路图纸、控制源代码等无偿放到了网上，供人免费下载。这一开创性的举动，使得原本动辄数十万元的 3D 打印机降至现在的几千元，甚至 3 000 元以内都能买到一款不错的桌面级 3D 打印机。如果没有 Adrian Bowyer 和他的开源 3D 打印机项目，全球 3D 打印机的普及运动将至少推后 5~10 年。

二、创业

2015 年 3 月 5 日，李克强总理在《政府工作报告》中提出，把“大众创业，万众创新”打造成推动中国经济前行的“双引擎”之一，进而创客成了一个时代的焦点。在中国，“创客”与“大众创业，万众创新”联系在了一起，特指具有创新理念、自主创业的人。2015 年 3 月 2 日，《国务院办公厅关于发展众创空间推进大众创新创业的指导意见》，强

图 1.2-1　李克强总理视察过的深圳“柴火创客空间”

调要大力推进“双创”工作，并在公共服务、财政支持、投融资机制等方面予以支持。在“双创”环境中，创客们孵化出许多创业项目。例如：

> 泡芙（impuff）是一款集成电商和支付功能的移动端社交 App，人们可以通过泡芙发起心愿，出让许愿成本，寻找好友帮助自己实现愿望。
>
> 这款 App 的产生与 90 后美女创客王宁有一段颇具传奇色彩的故事。她与上海的天使投资人从未谋面，仅仅是在微信上聊了 3 次，对方就将一笔资金打到了她的个人账户上，她就这样不可思议地拿到了第一笔风险投资。
>
> 为什么要做“泡芙”？人与人交往是需求的互补，现有的社交网络不能把人的需求直接表达出来，需要以一种高效的方式表达诉求。拿到第一笔投资后，王宁拍了《泡芙：为梦想而生》的宣传片，讲述了一个外国女孩帮助一位年轻画家完成举办画展心愿的故事。

一个又一个成功的互联网创业者影响了很多像王宁这样的年轻人，推动了国内的创客风潮。此前王宁的愿望是成为一名记者，但后来她发现媒体跟自己的理想和初衷不一样了。对于投身互联网创业，她觉得并没有背叛自己的理想，“时代在变化，把握核心价值的人在哪儿都一样”。

创客不局限于你是理工生还是文科生，即便你对技术手段一无所知，如果你有一个好的创意，就有可能成为以互联网创新为基础的创业者。

三、教育

白宫拥抱创客运动，源自奥巴马总统提出要创新教育，用以提升学生 STEM（科学、技术、工程、数学）的学习水平。奥巴马在 2009 年的竞选演讲中说到：“我希望我们所有人去思考创新的方法，激发年轻人从事到科学和工程中来。无论是科学节日、机器人竞赛、博览会，鼓励年轻人去创造、构建和发明——去做事物的创建者，而不仅是事物的消费者。”

过去几年，创客教育已经成为美国推动教育改革、培养科技创新人才的重要内容。美国高校中的学术性创客空间和制造类实验室迅速多了起来，而一些 K12 学校也把创客精神引入到学校教育中，在图书馆设立创客空间，或者改装教室以适应基于项目和实践的学习。

2016 年 6 月 7 日，中国教育部出台了《教育信息化“十三五”规划》，提出要“积极探索信息技术在‘众创空间’、跨学科学习 (STEAM 教育)、创客教育等新的教育模式中的应用，着力提升学生的信息素养、创新意识和创新能力，养成数字化学习习惯，促进学生的全面发展，发挥信息化面向未来培养高素质人才的支撑引领作用”。目前国内的创客教育开始重点致力于如何把创客空间整合到现有的教育项目中。

创客空间是创客们制作、交流、共享知识和资源，以及项目协作的场所。对于学校来说，创客空间更多的是打造和创设课程实施的环境。教师要在创客课程的实施过程中，把课堂变成一个充满活力的创客空间，鼓励学生大胆尝试，迭代设计，创建物品，开放分享，让学生在强烈的个性化学习环境中，成长为个性鲜明的创客。

数字技术与教育的融合，带来的不仅是 MOOC(慕课)，还有创客教育。在学习的个性化时代，二者需要结合互补。学生不但可通过在线学习获得知识，而且能在学校的创客空间设计制作，发挥创造才能。从这个意义上看，创客运动已经成为学习变革的一个重要支点，通过教育会涌现出更多的学生创客。在广大的教育工作者中也不乏创客的身影。教育创客有三类：一是关注教育的创客，二是要成为未来创客的学生，三是希望把学生培养为未来创客的教师。

28 岁的浙江小伙子张浩，正是将“Maker”翻译成“创客”的中国第一人。张浩虽然年轻，却是创客圈里公认的代表人物，是国内最早一批接触和传播创客文化的人。

深圳并不是张浩落脚的第一个城市。于成都科技大学电子工程专业求学的他，大三时已开始研究机器人，2009 年更是取得了亚太大学生机器人大赛季军的辉煌战绩。2010 年毕业后，张浩成为果壳网 DIY 版块的编辑。

2011 年 4 月 1 日，张浩动手做了一个真实版的瀑布永动机，将它发布在果壳网，在科学爱好者中引起轰动。瀑布永动机的灵感，据说来自画家 M.C.Esher 的名作《瀑布》，流水流经塔楼沟渠循环不止，如永动机一般。

2011 年初，张浩以技术入股，与王盛林等 5 人联合创立了北京创客空间，立志要做中国版的 Noisebridge，催生更多中国创客。2012 年 5 月底，张浩在参加完一个机器人学术会议之后，有机会到全球最著名的创客空间——位于美国旧金山的 Noisebridge 一趟，并在那里用废弃零件搭建了一个原型机器人。

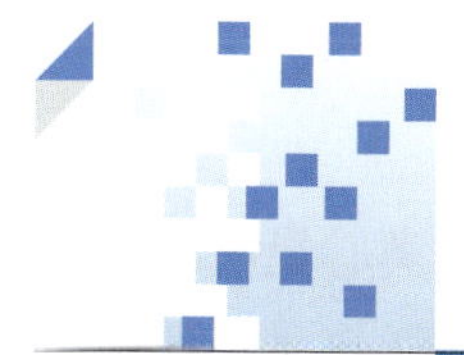

1.3　创客，人人可为

创客，作为自信执着、乐观勇敢、善于发现并将奇思妙想变成现实的“顺时代人群”，是新世纪的造梦者、逐梦者。他们是以个性需求为导向、追求自身价值实现的创意精灵；他们将跳跃着的梦想音符编织成美妙的音乐，用智慧的火把照亮未知的夜空，成为技术产业领域中最鲜活的血液；他们以强大的生命力，推动和引领新一轮产业革命，也为改革与发展提供了新的方向。生活所需、兴趣所致、能力所及、信念所持是人人成为创客的必备元素，让我们一起通过案例来感受这些元素吧！

一、生活所需

日常生活中用杯子、水壶、瓶子等来饮用水，但在乘坐火车卧铺的上铺或中铺时，如果想喝饮料瓶中的饮料、水杯中的茶水，因抬不起头来，就无法正常饮用；在一些高雅的公共场合，举起饮料瓶子仰头畅饮则显得不够文雅；市面上提供的塑料吸管，因存放环境和使用都极不卫生，容易导致传染病漫延；用茶杯泡茶或其他饮品时，饮用的各种泡料常被喝入口中又被吐出来，极不卫生。

图 1.3-1　身边可改变的例子

这种类似的现象在我们身边经常发生，将生活中的问题加以思考，并动手解决问题，这就是造物，就是创客精神的体现。

二、兴趣所致

法国著名生理学家贝尔纳说："做出新发现时感到的快乐，肯定是人类心灵所能感受的最鲜明而真实的感情。"创新活动能满足人的好奇心，由好奇心产生兴趣，这是兴趣产生的另一个内在原因，好奇心不仅是产生兴趣的最初根源，还是创新设想的触发物和催化剂。

图 1.3-2　兴趣是最好的老师

"这是我制作的多功能床，它能自动升起，这样，我奶奶就不用老躺在床上了。"

"这是我发明的多功能公交车，是为了方便像我爷爷一样行动不便的老年人上车。"

"这是一个集风能、水能、太阳能等多能源的多功能发电站，可以弥补单一方式发电不足的缺陷……"

小创客们热情地向大家介绍自己的"创意产品"。从他们释放自如的表情中可以看出，他们都是科技课堂上的活跃者。"在科技兴趣小组，认识了不同的朋友，大家合作完成一件事，挺好玩的"。"为了完成一个项目，大家会提出不同的想法，有时候会发生争执，这种情况下，我们就在不断讨论、不断试错中发现新办法"。"实践活动不仅锻炼了自己的创新能力，组织能力和沟通能力也得到了提高"。

三、能力所及

创造，是每一个人与生俱来的一种能力，是每一个人都具有的天赋潜能。

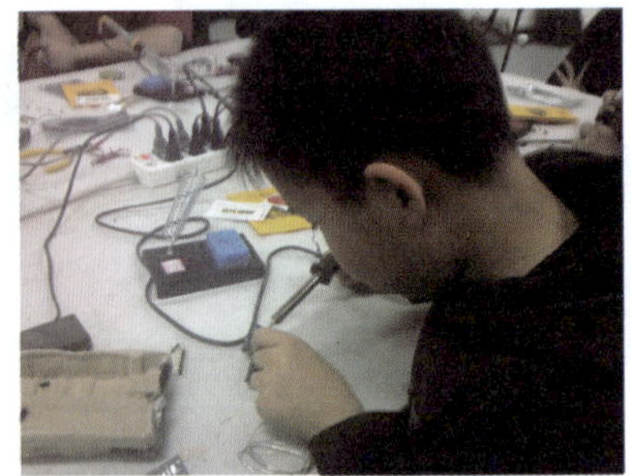

图 1.3-3　在能力范围内体验

图 1.3-3（续）　在能力范围内体验

随着年龄的增长，人们不断学习，掌握了许多技能。而兴趣又会成为最好的老师，在兴趣的引领下，主动寻找不同渠道，在创造活动中经过一些必要的训练和实践，从而不断丰富创客智慧、掌握创客技能，相信你将做得更好、做得更强，能更好地去完成你的创造。

三、信念所持

创客精神就是对创客活动热爱、执着、勇于探索、永不言弃；更要善于挖掘新技术、鼓励创新与原型化；不单有想法，还要有成型的作品，做“知行合一”的忠实实践者；同时还要注重在实践中学习新东西，并加以创造性地使用。

创客教育不仅需要创客精神的引领，更需要创客文化的氛围。例如：郑州市从 2015 年 11 月起接连下发相关文件，又相继开展了相关的创客教育活动，还组建了创客研究团队，这些都是郑州创客文化氛围的体现。这些为“人人成为创客”的实现起了很大的推动作用。

今天，如果你不生活在未来；那么明天你必将生活在过去！世界唯一不变的真理就是变化，创客运动正在推动着全球的教育革命。创客，来了……

链接延伸

“中国创客教育运动”的帷幕在各项政策的密集出台中正式拉开。中国青少年创客教育、上海创客教育联盟、青岛市中小学创客教育联盟等组织相继成立，创客教育生态系统构建高端论坛、全国首届青少年创客教育论坛、国际创客教育高峰论坛等一系列有关创客教育的论坛与培训此起彼伏。北京、上海、广州、深圳和温州等地在创客教育方面的起步较早。

2014 年 11 月 29 日，清华大学举行“清华创客日”活动，并决定将每年 11 月的最后一个周六定为“清华创客日”。

2015 年 4 月 25 日，由清华众创空间 i.Center 牵头，全国近 60 所院校、10 余家企业和机构共同见证了创客教育基地联盟的正式成立。

2015 年 5 月 18 日，由中国教育报发起的中国青少年创客教育联盟在温州实验中学举行成立大会，北京景山学校、北师大附属实验中学等全国 35 所名校成为创始学校。与此同时，与“创客教育”相关的理念研究、课程设置、产品设计等逐渐进入各地中小学课堂。“创客教育”“STEAM 教育”已经成为推动教育改革、培养科技人才的一项重要内容。

创客具有鲜明的特征，热爱生活，对生活充满好奇，勇于动手，善于思考，乐于分享，追求完美。但是，要想成为一个真正的创客，需要有创客的思维方式，掌握设计与创造的过程，运用专利保护创新发明成果，利用众筹平台筹人筹智筹钱，让梦想及时变成现实。作家柳青说过：“人生的道路虽然漫长，但紧要处常常只有几步，特别是当人年轻的时候。”在人生的关键时期，你会做出什么选择？本章将带你走进创客智慧。

2.1　用创客的方式思考

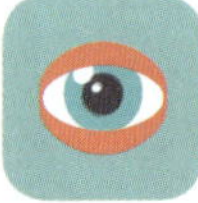

情境引入

入住新房后发现电源插座数量不足；插座孔位设计不当，造成虽有孔位但不能同时使用；厨房的电源插座插了几个电器却不能单独控制，只能分别插拔；手机充电时没地方放……面对生活中的难题，你会怎么做？束手无策而默然接受？让我们来看看创客是如何想，如何做的吧！

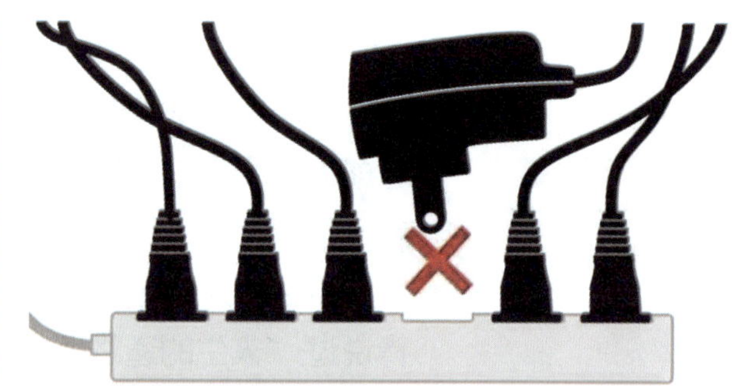

图 2.1-1　来自生活的问题

知识注解

一、创新思维

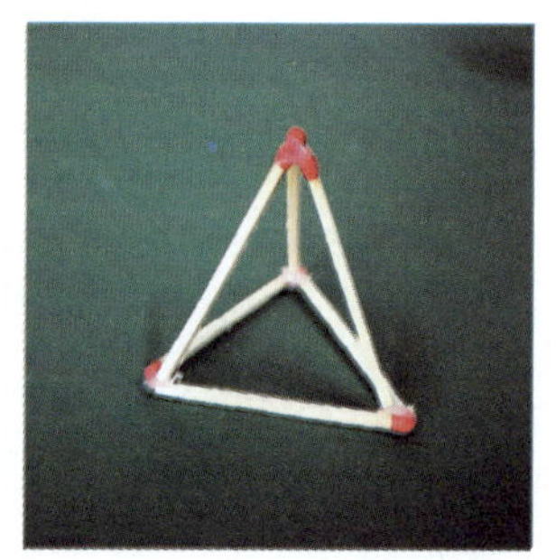

图 2.1-2　火柴游戏

创新能力的核心是创新思维 (Innovative thinking)，创新思维也称创造性思维，不仅表现在完整的思维过程中，还表现在思考的方法和技巧上。创新思维有别于常规思维的习惯性、单向性和逻辑性，它没有思维定势，体现了思维的开放性。多角度、多渠道、多因素考虑问题，大多会超出常人的思维，不易被主流思维所接受。

你能用六根火柴棒搭出四个三角形吗？大多数人在拿到六根火柴棒后，往往急于在桌面上摆三角形，伤透了脑筋却摆不出来。如果突破思维定势，摆脱平面的束缚，相信你很快就能搭成一个三角锥体，也就搭出了四个三角形。你还能摆脱什么束缚，得到什么样的答案呢？

提到汤圆，大多数人想到的是乒乓球大小、圆圆的、白色的、芝麻馅……可是，不少商家和巧手的妈妈也做出了弹球大小的、彩色的、水果味儿的汤圆，它们或可口、或营养、或悦目……相信这些不一样的汤圆一定是具有创新思维的人想出来的。

图 2.1-3　不一样的汤圆

创新思维方式很多，较常用的有多向思维、侧向思维、组合思维、逆向思维和前瞻思维等，各类思维方式各具特色、融会贯通，共同构成了多姿多彩的创新思维。

夜晚，房间里点燃了五支蜡烛，吹灭了一支，第二天早上还剩几支？大多数人稍加思考，便会答出“一支”，即被吹灭的那支蜡烛。但是设想一下：如果燃着的四支蜡烛在夜里有一支被风吹灭了呢？如果四支当中有一支较大，到了第二天早上仍在燃烧呢？如果……那么答案显然就不只是“一支”了。标准答案并不重要，重要的是有兴趣去寻求答案，多向思维让我们找到了许多正确的答案。

侧向思维是创新思维中重要的一种，对于创造活动有重要的作用。现实生活中人们运用侧向思维巧妙地解决了许多疑难问题。大航海家哥伦布发现美洲大陆后，在一次宴会上，有人贬低他的功绩，哥伦布没有直接与那些人争辩，而是拿起一个鸡蛋让在场的人竖立在桌子上，没人能办到，而他却出人意料地把鸡蛋敲破竖在了桌子上。这就是一个侧向思维出奇制胜的例子。

组合思维是创新思维的一种，在生活实践中非常普遍，例如：铅笔 + 橡皮 = 橡皮铅笔，飞机场 + 飞机库 + 军舰 = 航空母舰……下面让我们来看一个非常好的运用组合思维的例子：桌子上刚泡的咖啡不小心洒进键盘、玩游戏时弹出键盘影响游戏体验、户外休闲时想听大音量的音乐却没有外放、正在使用的手机没电了……这些问题有没有一个综合解决方案呢？为此，某公司经过近一个月的市场调研和分析，决定研发一款集镭射键盘、移动电源、蓝牙音箱、无线鼠标为一体的四合一超级镭射键盘，并通过产品众筹扩大影响，进一步拓展了市场。

与实际键盘对比

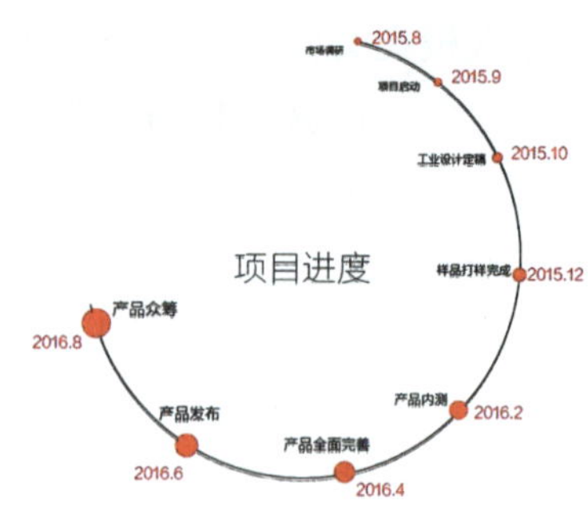

项目研发进度

图 2.1-4　四合一超级镭射键盘

二、创新技法

创新技法是指在创造、创新活动中使用的技巧和方法，可以简单地分为两大类，一类叫作“选题的方法”，解决“要创新什么”，也就是如何确定创新的选题，如何提出问题，如缺点列举法；另一类叫作“构思的方法”，解决“怎样去创新”，就是怎样提出创新的设想和解决问题的方案，如七何分析法、和田十二动词法等。

常用的几种创新技法如下：

1. 缺点列举法

任何事物都是不完美的。缺点列举法就是通过对已有的、熟悉的事物进行深入的分析，在列举其缺点的基础上，找出相应的解决方案，从而完成创新的方法。

缺点列举法可帮助你确定该选题，它属于选题的方法，且是一种易于掌握、被广泛采用的方法。

2. 头脑风暴法

头脑风暴法是 20 世纪 30 年代由美国科学家亚历克斯·奥斯本提出的。参与者在一定的时间内针对某一主题进行自由畅谈，不受任何条条框框限制，从不同角度、不同层次、不同方位，大胆地展开想象，尽可能地标新立异、与众不同，提出独创性的想法。其间不进行评判，仅追求数量，这样做能够最大限度地挖掘潜能，使参与者的思想火花自由碰撞，好像掀起一场头脑风暴，一些有价值的新观点和新创意就可能在“风暴”中产生。

所以在头脑风暴中既可以提出问题，也可以逐步找到解决问题的方法。

3. 5W2H 分析法

5W2H 分析法又叫七何分析法，是设问法的一种，指从七个不同的角度对事物进行提问。

为何（Why）？例如：为何做这项工作？为何是这种形状（大小 / 颜色）？为何有这种性质？为何使用这种材料？为何应用这个原理？为何采用这种方法？

做何（What）？例如：任务是什么？目的是什么？条件是什么？方法是什么？规范是什么？重点是什么？功能是什么？

何人（Who）？例如：何人会做？何人来做？何人不能做？与谁有关？谁来决策？谁会赞成？谁会反对？

何时（When）？例如：何时开始？何时完成？何时最适宜？何时最不适宜？

何地（Where）？例如：何处可做？在何处做？何处最适宜？

如何（How to）？例如：如何去做？如何做效果好？如何做效果不好？如何得到？如何改进？如何发展？如何避免失败？

何价（How much）？例如：需要多少人力、物力、财力？成本多少？产量多少？有多少效益？

运用七何分析法，通过提出各种各样的问题来产生大量设想，诱发创造性思维，进而做出判断和选择。至于创造成果的完成，往往还要进行许多具体的实施过程。

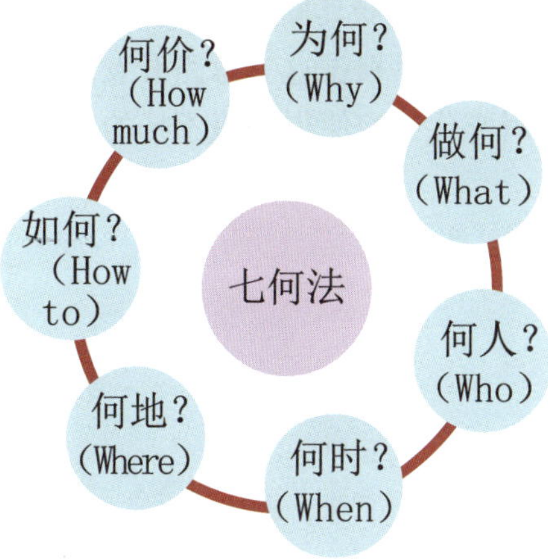

图 2.1-5　七何分析法

4．和田十二动词法

和田十二动词法又叫“和田创新法则”，是我国学者许立言、张福奎借用奥斯本“稽核问题表法”的基本原理，加以大胆创新而提出的一种思维技法。

加：加高、加厚、加多，或是把一个事物与别的事物叠加在一起。瑞士军刀的设计就是许多不同功能的叠加。

普通小刀

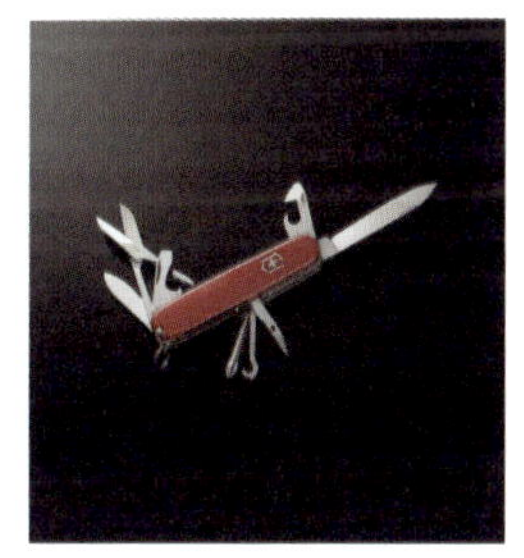

瑞士军刀

图 2.1-6　和田十二动词法举例：加

减：在现有事物的基础上去减，如尺寸、厚度、重量等，或者省略或取消部分功能。

扩：放大、扩展、提高功效等。

缩：压缩、缩小、微型化。例如袖珍词典、充气地球仪等。

普通地球仪

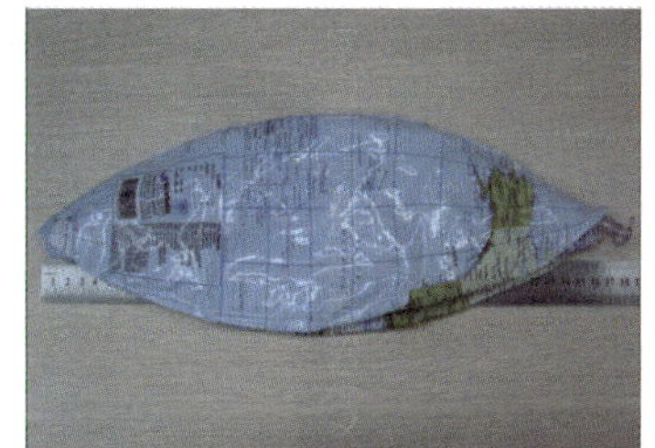

充气地球仪

图 2.1-7　和田十二动词法举例：缩

变：改变其固有属性，如形状、颜色、声音、味道或次序等。食品、文具等不少系列产品就是根据这一思路开发出来的，如方形漏斗下端口由圆变方，就解决了用漏斗灌水时憋住气泡使得水流不畅的问题，灌水时再也用不着提起漏斗跑气儿了。

圆形漏斗　　方形漏斗

图 2.1-8　和田十二动词法举例：变

改：针对缺点和不足之处进行改进。例如：针对轮椅不易上楼的缺点不断创新、改进，开发出了许多新型轮椅。

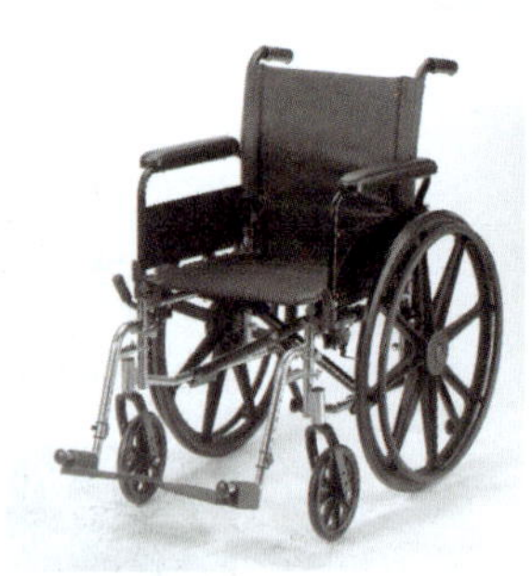

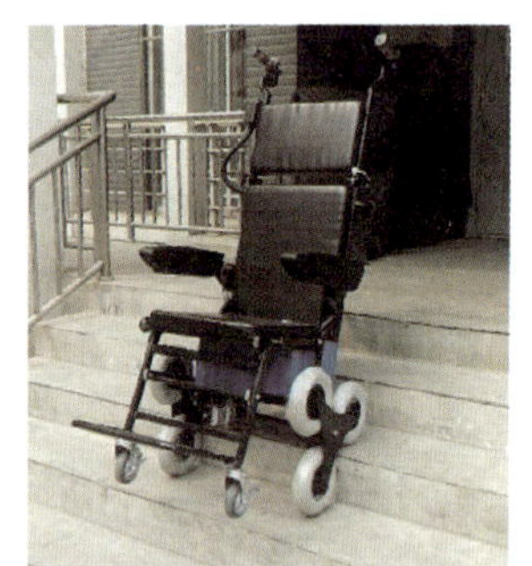

能上楼梯的轮椅

图 2.1-9　和田十二动词法举例：改

联：利用事物之间存在的联系，例如：因果联系。

学：向原有事物学习，模仿其形状、结构、方法等。传说锯的发明就是鲁班从锯齿形叶片得到的启发。

树叶

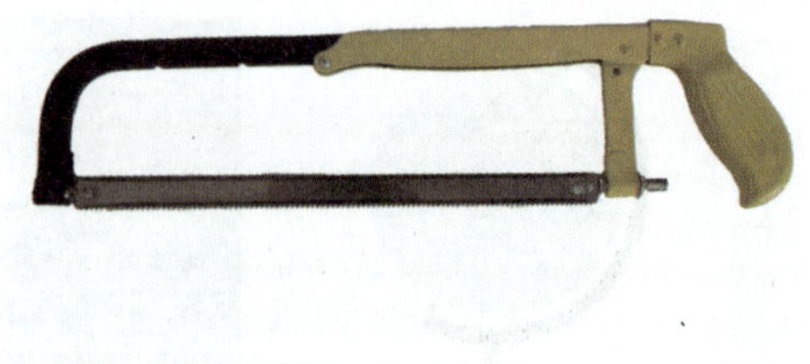

锯

图 2.1-10　和田十二动词法举例：学

代：在保证不改变事物原有功能的前提下用别的材料、方法代替。

搬：把现有事物的原理、技术、方法等搬到别的场合、别的条件下去应用。例如：把哨子的原理，搬到水壶口上就产生了笛音水壶，搬到鸽子身上便是鸽哨。

哨子

笛音水壶

鸽哨

图 2.1-11　和田十二动词法举例：搬

反：对现有事物的原理、方法、结构、用途等进行分析，运用逆向思维颠倒过来使用。例如：吸尘器的发明初衷是想利用压缩空气把尘埃吹入容器中，试用时发现许多尘埃未能吹入容器，清洁效果很差；后来反其道而行之，用吸尘法，于是诞生了吸尘器。

定：针对现有事物的数量或程度制定界限、标准，在定量化、精确化的基础上提高工作效率，尺、秤、天平、温度计等都是成功的案例。

当然还有不少其他的创新技法，如综摄法（类比法）、组合法、属性列举法、优点列举法、专利创造法等数百种，这里只介绍了几种常用的技法，这些都可以帮助我们打开思路、获得创造性设想。如果你感兴趣，可以查阅相关资料进一步学习。

案例分析

电源插座的创新

如图 2.1-12，有时我们会遇到电源插座的插孔位置设计不合理，造成虽有孔位但不能同时使用的情况，有的厂家就将孔位稍稍移动一下成为改进型插座；而有的设计却进行了大胆创新，让电源插座变得非同一般。

普通插座

改进型插座

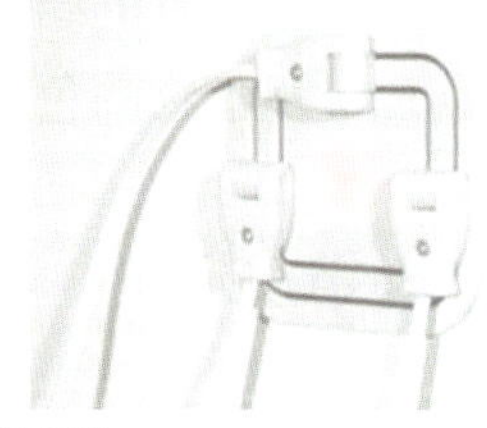
创新型插座

图 2.1-12　不同种类的插座

如图 2.1-13，这款可翻折插座配有两个双头插孔和一个三头插孔，而上半截插座可以实现一定角度的翻折，使插孔位置得到充分利用，水平翻折后又可拓展出一个平台，方便使用者在充电的时候放置物品。

图 2.1-13　翻折插座

如图 2.1-14，这是一个允许用户自行配置的模块化插座系统。人性化的模块插座被设置成不同的大小，以适应不同大小的插头，人们可以随时扩展或移除插座模块来满足实际的需要。

图 2.1-14　模块插座

马上行动

让我们用创客的方式去思考，试着在生活中寻找问题并解决，成为一个新的创客吧。下面几种思路供大家参考。

思路一：从事物的功能和用途入手；

思路二：从事物的结构、材质、制造方法等方面入手；

思路三：从事物的色彩、造型、长短、轻重、大小等方面入手。

链接延伸

1. 踢足球来发电

Jessica 是美国哈佛大学的一名非裔学生。在非洲尼日利亚地区，95% 以上的人用不上安全、便捷的电力，只能用传统煤油灯，不仅对眼睛有害，还容易引发火灾。她看到此情形，觉得应该为自己家乡的孩子做点什么了。

一天，她灵光一现——非洲小孩都喜欢踢足球，既然踢足球是一种能量的消耗，能不能把孩子们用掉的这部分能量转化为动能呢？2009 年 Jessica 和几个哈佛大学的同学终于造出了世界上第一款发电足球——Soccket。其外观、重量和普通足球没有区别，由当地可再生材料制成，结实耐用，还不用充气。孩子们用 Soccket 踢上一场球，晚上只需打开 Soccket 表面的小孔，就可以接上 LED 灯来照明了；还可以接线，点亮更高瓦数的灯泡，甚至还可以通过 USB 接口为手机、风扇等低功率电器供电。Soccket 在满电状况下，能为 LED 灯持续供电超过 72 小时，孩子们终于可以在光线充足的灯光下看书了！

图 2.1-15　能发电的足球 Soccket

Soccket 能够发电是因为它有一个特殊的内芯，和古董店的钟摆类似，当球被踢动时，里面有个摆锤就会不断地摆动，并连接带动一个小型发电机的发电机构转动，这样就能把更多的电力储存起来啦。

2013 年，Jessica 在 Kickstarter 上为 Soccket 发起了众筹，售价 99 美元，总共筹到了 92 296 美元。众筹到钱的她拿出了 10 000 个足球，免费派送给非洲的一些贫困地区。在知道一边踢球还能一边发电后，孩子们都开心极了。在此基础上，他们又做了可以把动能转变为电能的跳绳，女孩子也可以好好玩耍了。

2. Hover Camera——自拍无人机

图 2.1-16　自拍杆与自拍无人机

在这个全民爱自拍的时代，从自拍杆的发明开始，人们就在享受自拍的乐趣。

现在，自拍杆已经落伍了。2016 年 4 月底，总部位于北京的零零无线科技有限公司，推出了一款名为 Hover Camera 的无人机相机，宣传片一推出，便刷爆了美国人的“朋友圈”，被美国各大媒体争相报道……

这款自拍无人机外形酷似电脑硬盘。首先吸引人的是它的安全性和便携性。机翼是可以折叠的，便于携带。

Hover Camera 前端置有 1300 万像素摄像头，可以拍摄 4K 视频；底部配有对地面镜头和声纳，用以保持机体平稳飞行。同时，Hover Camera 内部置有类似于加速器、陀螺仪和气压计的传感器。该无人机相机不仅可以为用户定位、选定拍摄对象、支持全景拍摄，也可以将拍摄的视频上传到手机。即便是在起风的时候，它也可以悬停在指定位置继续拍摄，并且画面不会过分晃动。确定拍摄对象后，可以跟随拍摄，这个功能太棒了！可以运行所有计算机的视觉算法，自觉跟随用户，而且不会撞上其他物体，随便推它也能调整平衡。还长了眼睛，可以避开障碍物；还能拍摄 360 度全景照片，不玩了就随手拿下来；没电的时候能自己慢慢地降落到地面，碳纤维结构的机身也保证了降落时的安全。

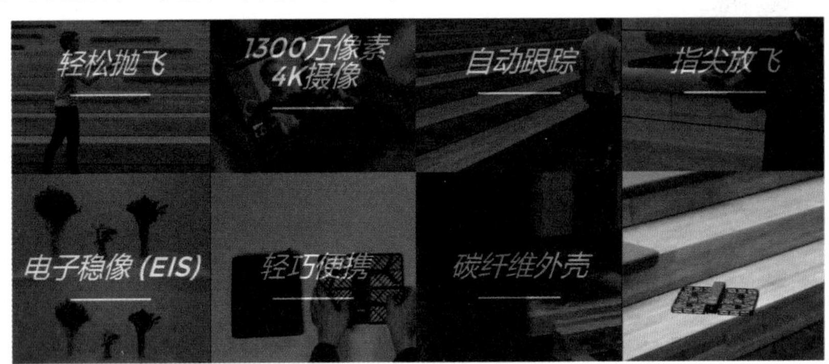

图 2.1-17　自拍无人机的优势

3. 还有许多与创新、创客相关的网站和平台，通过它们可以了解到一些新的创意，也会让我们获益匪浅。比如“全国青少年科技创新活动服务平台”“宋庆龄少年儿童发明奖”“中国数字科技馆创意科技”。

2.2　创造让生活更精彩

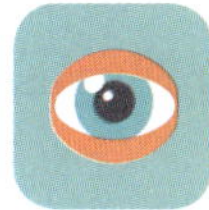

情境引入

生活中有许多造型新颖、功能强大、奇思妙想的物品，如智能磁悬浮蓝牙音响、安全防盗背包、智能机器人等，它们都是如何创造出来的呢？从最初的构思到最终的产品形成，都有哪些步骤呢？

图 2.2-1　智能磁悬浮蓝牙音响

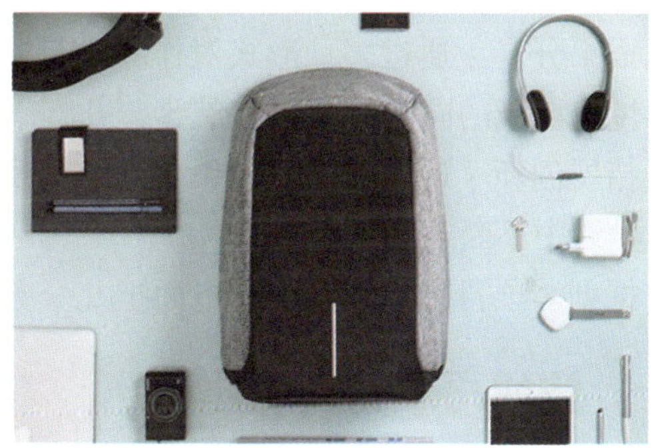

图 2.2-2　安全防盗背包

图 2.2-3　港珠澳跨海大桥

图 2.2-4　智能机器人

知识注解

一个产品从无到有、从工厂到市场需要一定的周期，完成一个创客项目也需要一些基本步骤，一般来说可以分为八个阶段。

1. 情境再现：依据一个真实的生活情境，从中发现值得解决的创客项目，能够引起制作者强烈的兴趣和探究欲望，以期解决实际问题。

2. 知识建构：挖掘在创客项目背后的知识结构，并能够将这些知识学科化，理清它们与创客项目的内在联系。创客不仅是摸着石头过河的发明制作，也是知识储备到一定阶段时的必然，同时也是学习兴趣的另外一种表现形式。

3. 设计方案：围绕创客项目，把解决问题的创意方案用文字、表格、草图等形式表现出来。

4. 造物制作：根据设计方案，动手制作模型或原型。

5. 测试分析：对模型或原型进行测试分析，找出不足。

6. 优化改进：对存在的问题进行不断的优化改进。

7. 成果分享：通过多种形式对作品进行展示、交流、分享，自评加互评，在体验成功的喜悦与自豪的同时，学习、借鉴，开阔眼界。

8. 拓展创新：通过对项目制作的总结与反思，做到对知识与技能的举一反三，能够在实际生活中不断创新创造。

依据创客项目的制作步骤，下面把几个关键步骤加以简述说明。

一、情境再现和知识建构

设计与创造的过程就是一个问题求解的过程，必须从调查需求、分析信息、发现与明确需要解决或值得解决的问题开始。问题的来源不外乎以下三种：第一种，生活中遇到的问题，例如，为了解决随时给手机充电问题，发明了充电宝；某初二女生为了防止外婆在取卷筒纸纸芯时手被弄伤，发明了卷筒纸取芯器。第二种，别人给出的问题，例如，为了解决粉笔末的环境污染问题，发明了水溶性粉笔、吸尘黑板擦和电子白板。第三种，设计者本身因对生活的热爱主动发现的问题，例如，为了美化居室环境，自己动手制作丝网插花；为了追求人与自然的和谐之美，80 后的手绘设计师孔孔惟钟情于手绘鞋的设计，并创立了自己的设计品牌“来去集”。

创造制作一个物品是需要多学科知识支撑的，比如充电宝就是一个集储电、升压、充电管理于一体的便携式移动设备，要制作充电宝就要对交流电和直流电、电路图、电压、电流、直流升压等技术知识有一定了解。卷筒纸取芯器从圆珠笔笔芯可以不停被按进按出中得到启发，运用弹簧的原理将卷筒纸的纸芯顶出来。为了适应不同厂家卷筒纸的纸芯直径大小不一样的情况，根据雨伞收放的原理，发明了伞状卷筒纸取芯器。

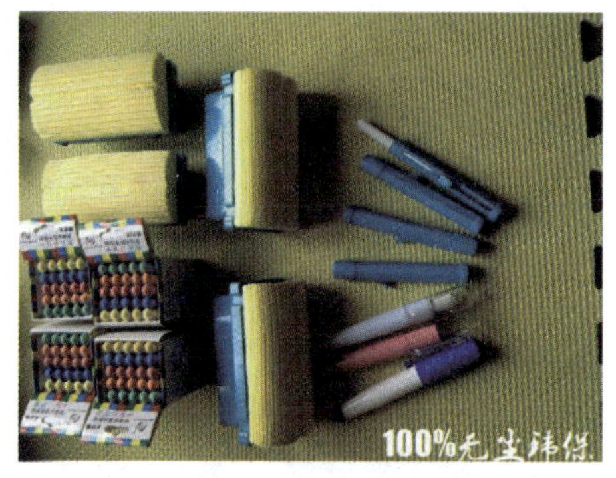

图 2.2-5　水溶性粉笔

图 2.2-6　吸尘黑板擦

图 2.2-7　丝网插花

图 2.2-8　手绘鞋

二、制定设计方案

在发现与明确问题的基础上，通过收集、分析、归纳各类信息，灵活运用创新技法找出最理想的设计方案。

目前，全世界约有超过 15 亿人处于没有可靠的持续的电源供应状态，一些地区仍旧依靠取火或煤油的方式来进行照明。为此，需要设计一个环保节能廉价的照明设备，来帮助那些用电有困难的人们。

图 2.2-9　发电机原理图

1831 年，法拉第成功发现了磁生电现象。根据电磁感应定律，在一个闭合电路中，如果通过的磁场发生变化，那么这个电路中将有电流产生。要制作的这个小东西叫重力灯（GravityLight），主要的组件包括：发电机、大小不同的链轮或齿轮、发光二级管或 LED 灯、链条、电源线等。它是以重力为能源的新式灯，靠重力发电——在灯身上挂着的一个重物下落时会拉动灯中心的一根绳子，从而启动一台小发电机，发电机把下落重物产生的能量转化为灯的电力。重物只需几秒钟就可以放置好，随着它缓慢下落，能够产生足够让一盏灯亮 30 分钟的电力。只要每过 30 分钟重置一次重物，就可以拥有绿色、不用电池、源源不断的电力。

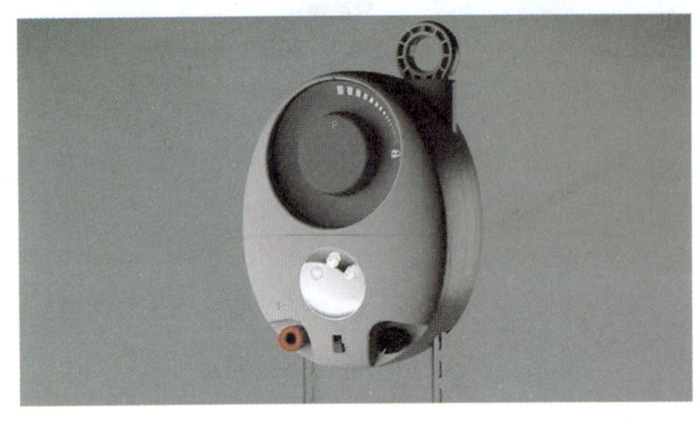

图 2.2-10　重力灯（GravityLight）

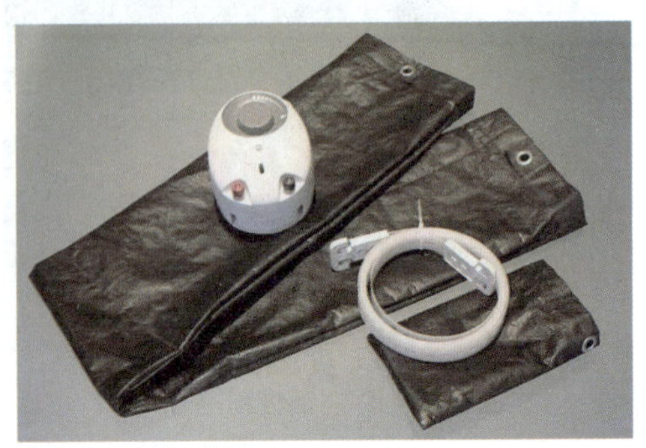

图 2.2-11　重力灯的主要组件

三、造物制作

图 2.2-12　“歼 -20 战斗机”模型

图 2.2-13　“辽宁舰”航母模型

图 2.2-14　木牛流马模型

图 2.2-15　别墅模型

模型是根据实物、设计图纸或构思，按一定比例或其他特征制成的与实物相似的物品。原型一般来说是指制造出的符合设计原理的样机，有时原型就是指最终产品。

制作模型一般有以下几个步骤：

1. 选择合适的材料、工具和加工设备；
2. 按设计图纸进行构件加工；
3. 按设计图纸进行组装和装配；
4. 对模型进行表面处理；
5. 模型展示，修改完善。

随着人类活动的增加，自然环境进一步恶化，使得冰川融化、臭氧层空洞、全球气温逐年提升，那些贫困又炎热的国家有许多人仍用不起电，在孟加拉国，夏季气温可以达到45℃，每年都有很多人因为酷热而死去。为了帮助那些用不起电、买不起空调的人们，一家公司发明了“生态空调”，不需要使用电能，就能使室内的高温降下来一些，虽然无法和真正的空调相比，但是对于那些用不起空调的人来说，也算是不错的发明了。

“生态空调”的主要材料：一大块厚纸板，若干大号旧塑料瓶。

“生态空调”的制作过程：先把旧塑料瓶沿着瓶身切成两半，再剪掉瓶盖的顶。然后在一块厚纸板上掏出大小相同、排列整齐，能塞入塑料瓶瓶盖的孔。将塑料瓶瓶口插入纸板的圆孔中，再用瓶盖固定好位置。最后把整个装置装在窗户上，将瓶口朝向室内。

“生态空调”所用的原理：物理中有一理论为“焦耳—汤姆逊系数”（也称节流膨胀效应），空调、冰箱等制冷设施都是利用节流膨胀原理制成的。就像平常我们对手吹气：当你张开嘴往手上吹气时，吹出来的气是热的；而当你撅起嘴往手上吹气时，吹出来的气却是清凉的。在外来风从塑料瓶敞口向小口一端流动的过程中，空气体积被压缩，压强增大，而后再从小圆孔中释放后，就可理解为一次短暂的节流膨胀过程，会引起空气气温的降低。

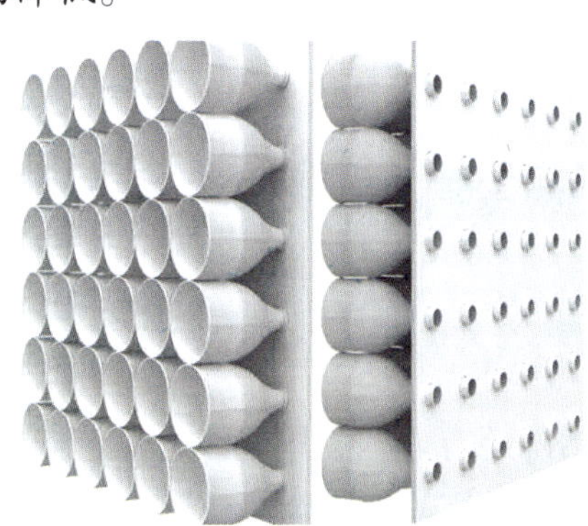

图 2.2-16　生态空调

四、测试分析及优化改进

没有最好，只有更好。当模型或原型制作出来后，要对它们进行试验、检测和评价，及时对设计方案进行改进和优化。优化的方法有：试验法、经验类比法、优化计算法等。

例如前面所讲述的重力灯，随着时间推移，人们对光照时间、重力灯功能等有了新的要求。2015 年时生产的最新款重力灯已经配有 USB 和 DC 充电接口了，并且做了进一步的简化设计，同时由于 LED 灯的技术在不断提升，目前的照明亮度以及耐久度都得到了提升，这将使得该照明神器更方便地适合任何户外用途。

例如在水火箭制作过程中，通过对水火箭瓶瓶身长短和直径、尾翼、弹头重量、水量、填充液体种类（即密度不同）的改变，从而达到对水火箭整体性能进行改良和优化的目的。

图 2.2-17　水火箭

案例分析

案例一：简易重力灯的制作

生活中还有许多利用电磁感应定律的小发明小制作，例如手动发电手电筒。下面将讲述简易重力灯的组装步骤。

1. 连接行星轮减速器和发电机。
2. 插入套筒并固定。套筒、端盖均为自行设计，使用数控车床切削加工而成。
3. 安装吊架。
4. 安装链轮和发光二极管。
5. 挂上链条，就可以将重力灯挂在高处使用了。

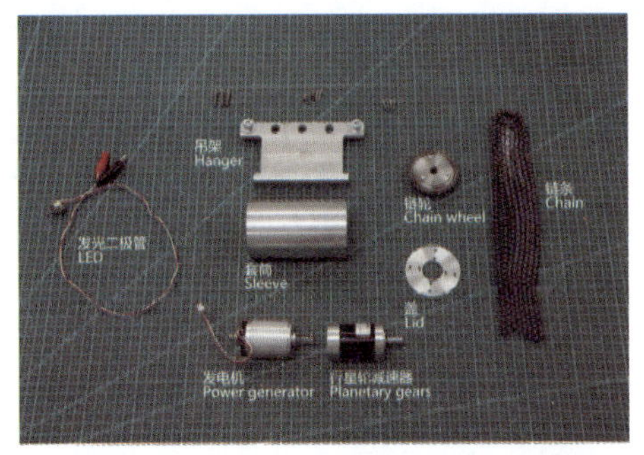

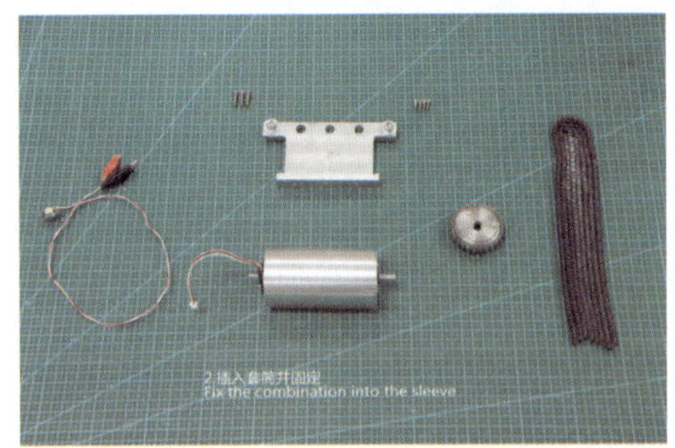

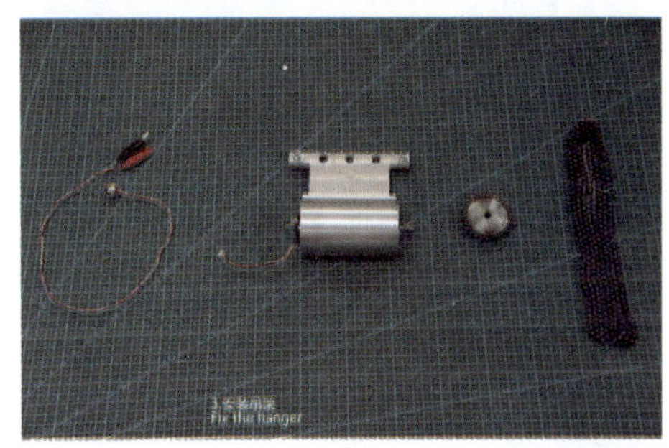

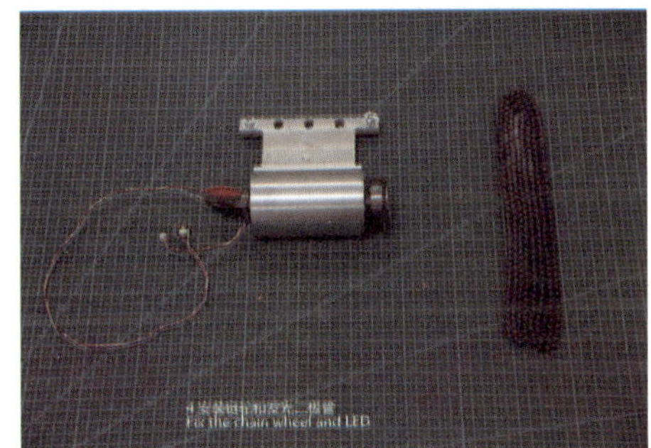

图 2.2-18 简易重力灯的制作

案例二：孔明锁的制作

孔明锁，也叫八卦锁、鲁班锁，一种曾广泛流传于中国民间的智力玩具。不用钉子和绳子，完全靠自身结构的连接支撑，就像一张纸对折一下就能够立得起来，看似简单，却凝结着不平凡的智慧。孔明锁相传由春秋末期到战国初期的鲁班发明，也有传说由三国时期诸葛亮发明。

鲁班锁，起源于古代汉族建筑中首创的榫卯结构。这种三维的拼插器具内部的凹凸部分（即榫卯结构）啮合，十分巧妙。原创为木质结构，从外观看是严丝合缝的十字立方体，形状和内部的构造各不相同，一般都是易拆难装。拼装时需要仔细观察，认真思考，分析其内部结构。鲁班锁有利于开发大脑，灵活手指，是一种很好的益智玩具。

材料准备：20mm × 20mm 木条若干根。

制作工具：角尺、铅笔、钢锯、凿、锉刀、砂纸等。

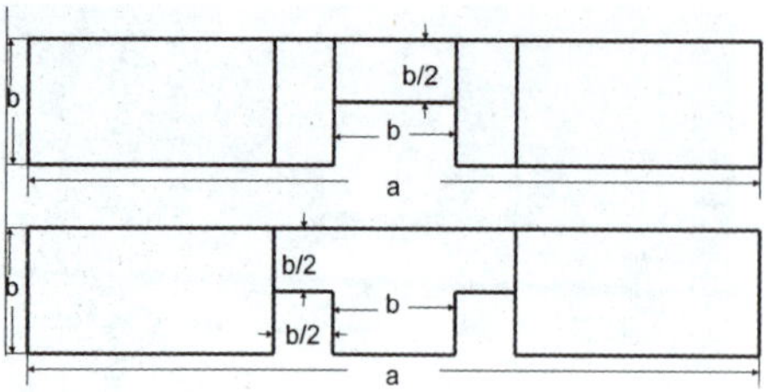

零件1

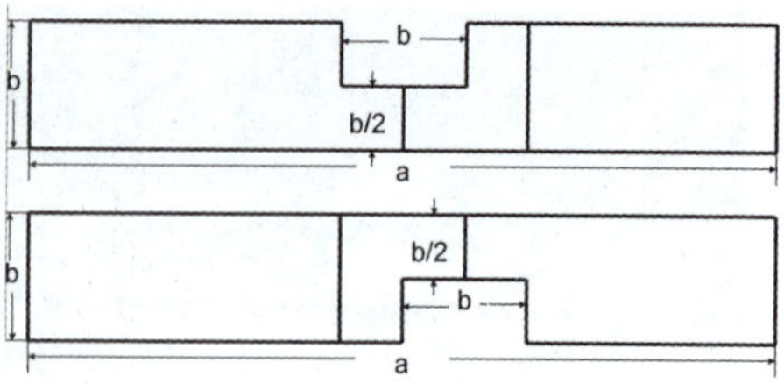

零件2

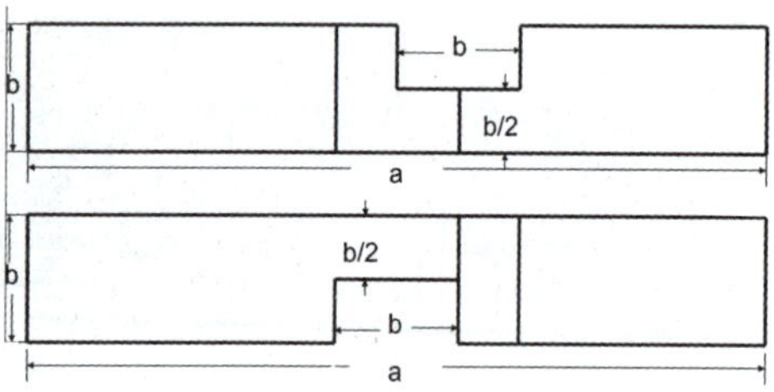

零件3

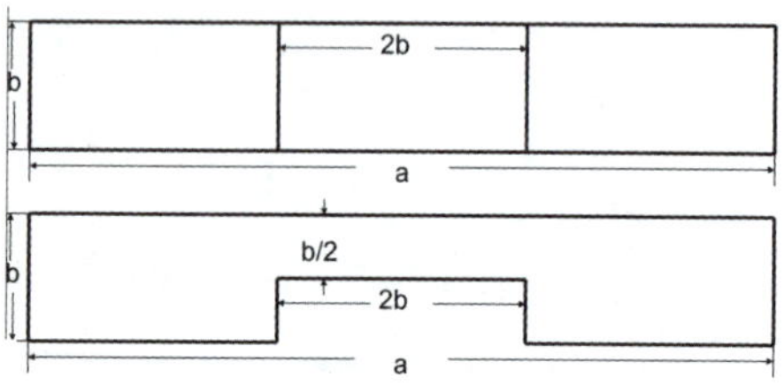

零件4

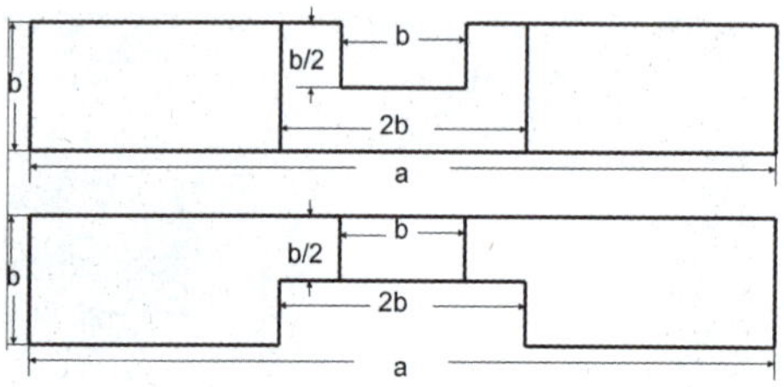

零件5

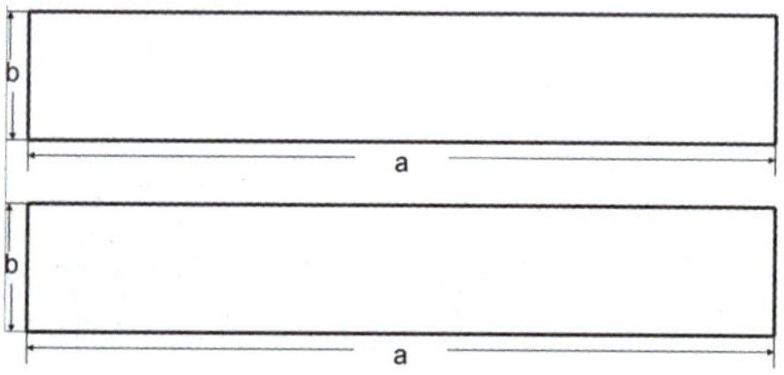

零件6

图 2.2-19　孔明锁制作参考图

六根孔明锁的组装步骤：

图 2.2-20　孔明锁的制作

图 2.2-20（续）　孔明锁的制作

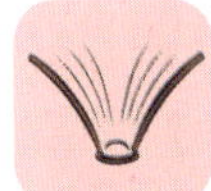

马上行动

1. 收集一些空饮料瓶、旧纸箱等物品，制作一个“生态空调”。
2. 动手制作一个孔明锁。
3. 查找相关资料，根据所学知识，完成舂米机模型的制作。

链接延伸

人工智能时代的交互方式——语音识别

随着人工智能的普及，语音已成了重要的交互方式。目前，我国科大讯飞公司的语音合成技术已经国际领先，英语已经超过了美国，印度语超过了印度。在与语种无关的语音识别方面，不管是美国人、中国人还是伊拉克人，只要你的声音被听过一次，下次机器就能发现。

写病历是医生的重要工作之一。病案记录的工作量到底有多大？香港德信对中国医生每天消耗在病历记录上的时间做过调研，50% 以上的住院医生平均每天用于写病历的时间超过 4 个小时，相当一部分医生写病历的时间超过 7 个小时。

由北京协和医院与国内医疗语音交互领导者云知声共同研发的“医疗语音录入系统”，提供了一种方便快捷的辅助录入方式。医生通过说话，即可实时把文本录入到希望输入的地方。它有效提高了文本输入效率，让医生把更多的时间留给患者。

“核对患者及手术标记无误。麻醉成功后，清洁手术区域皮肤，给予静脉预防抗生素。”北京协和医院的骨科医生对着手里的麦克风这样说，患者病程就记录在电子病历上。原来医生手里的这个麦克风，内置了国内领先的“智能语音识别”技术，可以将语音实时转化成文字，自动输入电脑里。北京协和医院已经在全院病房和医技科室上线“医疗语音录入系统”，成为首家支持语音识别的公立三甲医院。

如果我们把人工智能从技术本身的不同，分解成三个阶段的话，第一个阶段叫作运算智能。这时机器的运算能力已经超过我们人类，标志就是 1997 年 IBM 的深蓝电脑下象棋赢了国际象棋大师。这是因为国际象棋的游戏规则比较简单，是能够用机器遍历所有的可能性的，所以只要机器的运算能力足够强，理论上它就能超过人脑。第二个阶段是感知智能，就是机器能够进行感触并知道，最典型的就是各种各样的传感器，它相当于我们人类的眼睛，但是，我们只能看到可见光，而机器却能够看到红外线、紫外线。人类的听觉范围是 20 赫兹到 2 万赫兹之间，人说话的声波的频率在 50 赫兹到 3 400 赫兹之间，但是机器能听到超声波、次声波，所以机器现在已经逐步超过人类。第三个阶段是认知智能，就是让机器具备推理和学习的能力。比如智能出行，未来无人驾驶的目标是通过节省人力和能源消耗、智能规划出行路线等方式为城市拥堵问题找出解决方案。搜狗输入法已经推出了语音修改功能，能够迅速理解和执行类似“弓长张换成立早章”等指令，真正解放了用户双手，进一步提升了用户输入体验，为驾车等场景提供了诸多便利。

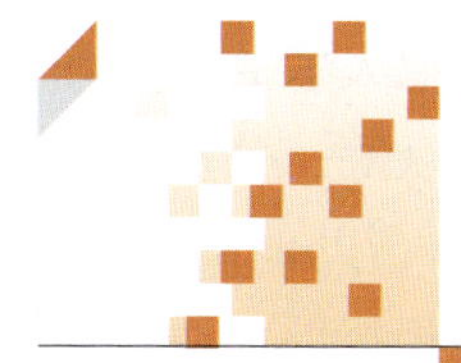

2.3　众筹让梦想变现实

情境引入

当前，手机已经成为人们生活、工作、娱乐的主要工具之一，但智能手机非常耗电，某公司准备设计一款无线充电设备，让手机充电不再受杂乱的电源线的困扰。但是，他们又担心产品上市后的销量，这种情况下你有什么好主意？

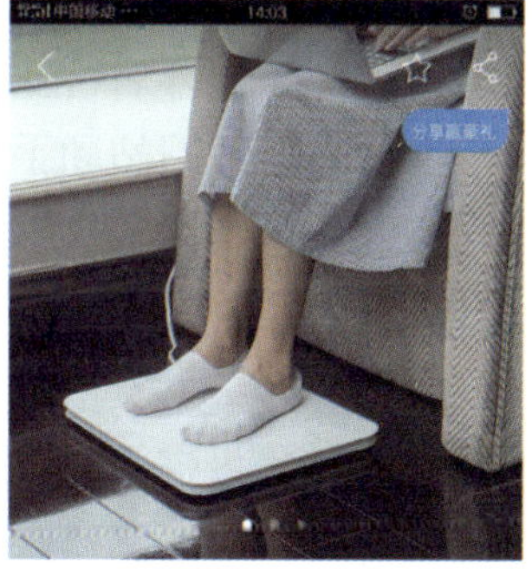

图 2.3-1　在京东上众筹的商品

知识注解

一、什么是众筹

众筹翻译自国外 crowdfunding 一词，即大众筹资或群众筹资，由发起人、跟投人、平台构成，是指用团购＋预购的形式，向网友募集项目资金的模式。众筹利用互联网和SNS传播的特性，让小企业、艺术家或个人对公众展示他们的创意，争取大家的关注和支持，进而获得所需要的资金援助。从广义上来说包括产品众筹、股权众筹、公益众筹等。狭义的众筹单指股权融资，就是让大家用闲散的资金去支持创业者，帮助他们圆梦。

众筹是一种思维方式，通过众筹模式让员工成为股东，自动自发互相督促；通过众筹思维让客户变为股东，让客户参与到产品设计、营销、推广、运营中来；通过众筹使供应商、同行、经销商和其他利益相关方成为股东，整合资源，相辅相成；通过众筹，筹智、筹心、筹人、筹钱、筹资源，把一群人变成一伙人，用一伙人去影响更多的人。众筹有可能演变成中国消费升级拐点的一个很重要的切入口，它能够帮助大家在充斥大量标准化产品的工业时代里，寻找到真正符合自己品质需求的产品。

二、众筹的平台

2015 年，在多项利好政策出台的大背景下，被视为互联网金融第三波浪潮的众筹行业经历了快速发展，各种形式、不同规模的众筹项目已经渗透到生活的方方面面。据了解，截止到 2015 年 11 月，正常运营的众筹平台已接近 320 家。相较于 2014 年，平台数量增长了两倍多，平台之间的竞争也非常激烈，小米对内众筹员工对外众筹米粉，万科启动房地产众筹开启行业先河。众筹的产品分为科技、农业、动漫、公益、影视等几大类，主要是通过网站和手机两类平台开展业务。目前，国内主要的众筹平台有：京东众筹、淘宝众筹、苏宁众筹等，美国著名众筹网站有 Indiegogo 和 Kickstarter 等。

三、众筹的种类

产品众筹是指投资人将资金投给筹款人用以开发某种产品（或服务），待该产品（或服务）开始对外销售或已经具备对外销售的条件时，筹款人按照约定将开发的产品（或服务）无偿或低于成本的方式提供给投资人的一种众筹方式。

股权众筹是指公司出让一定比例的股份，面向普通投资者，投资者通过出资入股公司，获得未来收益。这种基于互联网渠道而进行融资的模式被称作股权众筹。

公益众筹指通过互联网方式发布筹款项目并募集资金。相对于传统的公益融资方式，公益众筹更为开放。只要网友喜欢的项目，都可以通过公益众筹方式获得项目资金，为更多公益机构提供了无限的可能。

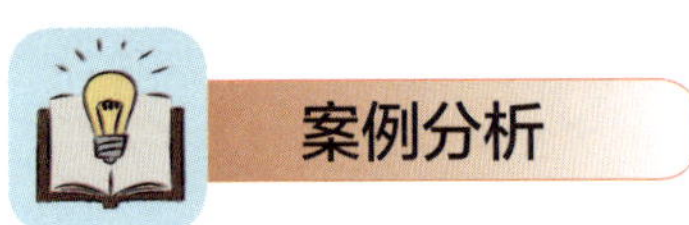

众筹成功的三个案例：

案例一：公益众筹

李某，是一名 IT 系统架构师，也是一位 3 岁孩子的父亲。2015 年，寻子的话题一度刷爆人们的朋友圈。而他在成为父亲的那一刻就在思考如何利用擅长的 IT 技术，帮助自己的孩子以及更多的孩子有个更安全的世界。他和他的团队设计了一款公益 App“睿介寻子”，通过面部识别等方式，帮助走失的孩子早日回家，直面儿童走失这一社会痛点。他联合了阿里巴巴、Face++、七牛、网信移动、欧凯龙等科技企业尝试建立国内的走失儿童找回系统和机制。他们通过“科技 + 公益”跨界众筹方式在众筹网获得百万量级的善款支持。

案例二：产品众筹

2015 年 8 月，淘宝众筹平台上，出现了一款来自宁波企业生产的发梳，这也是该平台上众筹的第一把梳子。很多人感到奇怪，梳子是日常的生活用品，竟然也能成为众筹的项目？那你就小看它了，小创意也有大智慧。这把梳子的梳齿添加了特殊的记忆分子，能够使梳齿快速回弹，轻松绕开头发打结的地方，通过梳理，把头发梳顺梳健康，有效地解决了女性的生活痛点——头发打结。这把号称“打结专家”的发梳，对打结的湿头发也能轻松梳理；还有可拆卸更换的梳头，使得梳子的使用寿命更长。因为是第一次上淘宝众筹，在上线推广的时候，设定首轮售价 39.9 元一把的发梳，只要募集到 8 000 元就可以组织生产。结果共有 1 200 多位网友参与众筹，共筹到 66 000 元资金。众筹成功以后，公司立刻组织生产，分批发货，忙得打印机必须冷敷才能继续工作。这次众筹以后，该公司网店里每天的流量比众筹前增加了 20% 左右。众筹产品以解决消费者的生活痛点为主要目的，经过创意的构思创造出新的产品，也有利于产品的升级，对整个行业也是有好处的。

图 2.3-2 梳子——顺其自然，打结专家

案例三：股权众筹

2014 年 11 月，路某在自己的微信朋友圈里发了一条消息，为《大圣归来》影片募集宣发经费。随后，他得到了众多熟人、朋友的支持，有 89 名众筹者参与了投资。最终，《大圣归来》的 89 位众筹参与者共为影片筹集了 780 万元经费，当票房超过 5 亿元之后，投资回报率已经高达 400%，预计可获得本息约 3 000 万元，平均每位投资人可以净赚近 25 万元。国产动画电影《大圣归来》创造了中国电影众筹史上的第一次成功，用这样的方式让一小撮普通观众赚翻了。

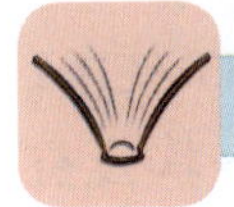

马上行动

1. 登录众筹相关网站或手机 App，查看当前的众筹项目，了解优秀的产品创意。
2. 请设计一个众筹项目，尝试在众筹相关网站或手机 App 上开展众筹活动。

链接延伸

由于众筹行业本身的特性，众筹在带来快速便捷和高收益的同时，也带来了高风险，众筹项目失败的案例也是屡见不鲜。

1. 餐饮众筹兴起，但“暴毙”噩耗不断

近两年，互联网众筹行业兴起，因其投资门槛低和方便操作等特点，不少中小投资者看准了餐饮众筹这一项目，咖啡馆、火锅店、茶馆、休闲餐厅、酒楼等众筹项目不断涌现，显示出旺盛的市场需求。但与此同时，餐饮众筹项目失败的速度也是让人大跌眼镜。

长沙 93 位股东筹集 100 万元开的最大的众筹餐馆“印象湘江”开业一年多，由于资金链断裂、债务缠身，餐馆难以经营下去，决定于 2015 年 10 月 29 日起正式停业进行清算。一年前这家店开业时，作为当时长沙以“众筹”方式开办的最大的一家餐馆，曾引发舆论广泛关注，一年后负债 100 多万元，最终只能以关店为结局。

2015 年 4 月，杭州首家众筹咖啡店“聚咖啡”关门停业。“聚咖啡”成立于 2014 年，当时共有 110 名股东出资 60 万元用来维持咖啡馆的运营。但好景不长，由于店铺房租贵，加之股东意见多、决策多，效率得不到提高，以及股东热情消减等各方面原因，咖啡馆最终不得已选择了停业。

此外，北京、武汉、常州、东莞等地也有餐饮众筹因为经营不善面临倒闭的情况。在北京建外 SOHO 集结了 66 位股东、132 万众筹资金的 Her Coffee，也在经营一年后关店大吉，武汉的“CC 美咖”、长沙的“炒将餐饮”等众筹餐厅也先后“暴毙”。

优质项目少、股东众多决策效率低、财务不透明、缺乏第三方监管、行业利润率低、缺乏投资者教育等，都是导致当前餐饮众筹项目快生快死的重要原因。虽然餐饮众筹在一定程度上能够解决饮餐企业融资难的问题，但是经营者的管理能力才是决定餐饮企业业绩的关键。众筹餐馆股东众多，这是众筹餐厅能够开起来的关键，也是众筹餐厅惨淡收场的核心所在。未来餐饮众筹如何发展，的确是一个需要思考的问题。

2. 折戟沉沙，百事手机 P1 京东众筹失败

2015 年 11 月 18 日，百事手机 P1 正式登陆某股权众筹平台，目标金额是 300 万人民币，但截至项目众筹的最后期限 12 月 3 日，也未能完成众筹金额，实际筹款仅 130 多万人民币，最终宣告众筹失败。

该次众筹，百事将众筹金额分为五个梯次：1 元、499 元、699 元、999 元、1299 元。除了 1 元的支持者是通过抽奖的形式获得手机外，其余梯次的支持者都将在众筹成功后获得百事手机和不同的配件。但可惜的是，到众筹截止日期，项目才筹得 130 多万人民币，以失败告终。

截止到项目众筹的最后期限，百事手机众筹项日共获得超过 1 万个赞和 3000 以上的关注度，但真正投资的人却寥寥无几。中申网认为，此次手机众筹的失败，原因在于过分高估手机众筹的市场，把目标定得太高，摔得也更疼，最终的失败不可避免。

2.4 专利保护发明创造

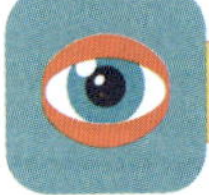

情境引入

在日常生活中有许多充满创新、创意的产品，有许多凝聚着智慧和科技含量的产品，这些产品给我们的生活带来了便利，比如智能手机、虚拟设备、平衡独轮车等，这些产品一上市，就面临着被其他厂家仿制的风险，如何防止创意、核心技术被剽窃？如何防止山寨产品的出现呢？你有什么好主意？

知识注解

一、专利的概念

专利属于知识产权的一部分，是一种无形的财产。专利是指一项发明创造的首创者在一定时期内所拥有的受保护的独享权益，它又分为发明专利、实用新型专利和外观设计专利。它是由专利机构依据发明申请所颁发的一种文件，该发明在一般情况下只有得到专利所有人的许可才能使用。专利转让是许可的一种形式，通过转让专利可以使专利权人受益，同时实现技术产业化，从而推进技术的应用。专利的两个最基本的特征就是“独占”与“公开”，以“公开”换取“独占”是专利制度最基本的核心，这分别代表了权利与义务的两面。

二、专利的申请流程

依据《中华人民共和国专利法》，发明专利申请的审批程序包括：受理、初步审查阶段、公布、实审以及授权 5 个阶段，实用新型专利和外观设计专利申请不进行早期公布和实质审查，只有 3 个阶段。

对于企业来说，进行技术创新申请专利是抢占市场的必经之路。腾讯公司从 1994

年开发 ICQ（QQ 最初的名字），坚持走创新之路，研发了 QQ 群、QQ 农场、QQ 秀、QQgame、手机 QQ、QQ 空间等网络产品，直到 2010 年，微信问世，腾讯将创新再次推向更高层次。截止到 2016 年 7 月 12 日，腾讯在国内的专利申请已达 11 000 多件，居国内互联网公司之首，其全球专利申请量仅次于同行业的微软和谷歌。

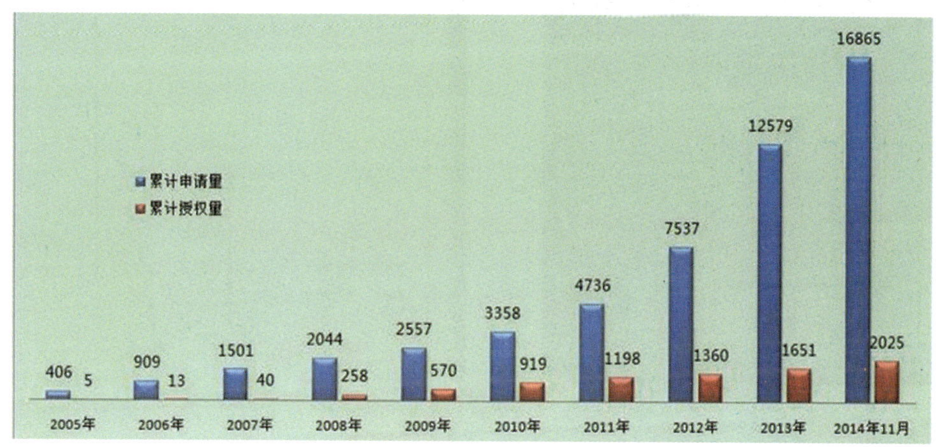

图 2.4-1 腾讯公司在全球的专利累计申请量

2001 年申请第一项专利，此后腾讯董事会主席马化腾等创始人就开始对其中的通信技术、聊天记录管理、信息传输等创新点申请专利。2011 年出世的微信，背后也凝结着超过一千多件的相关专利技术。此外，腾讯已积极布局重要的国外市场，其中腾讯的美国专利申请数量在千件以上。

三、申请专利的要求

1. 不违反国家法律、社会道德，不妨害公共利益，不违背自然规律；

2. 按《中华人民共和国专利法》规定，不授予专利权的内容和技术领域：

①科学发现；

②智力活动的规则和方法；

③疾病的诊断和治疗方法；

④动物和植物品种；

⑤用原子核变换方法获得的物质。

但对上款第四项所列产品的生产方法，可以依照《中华人民共和国专利法》规定授予专利权。

3. 申请发明和实用新型专利的发明创造要符合新颖性、创造性、实用性的要求。

国家知识产权局是我国唯一有权接受专利申请的机关。国家知识产权局在全国主要城市设有代办处，受理专利申请文件，代收各种专利费用。专利权的法律保护具有时间性，中国的发明专利权期限为二十年，实用新型专利权和外观设计专利权期限为十年，均自申请日起计算。

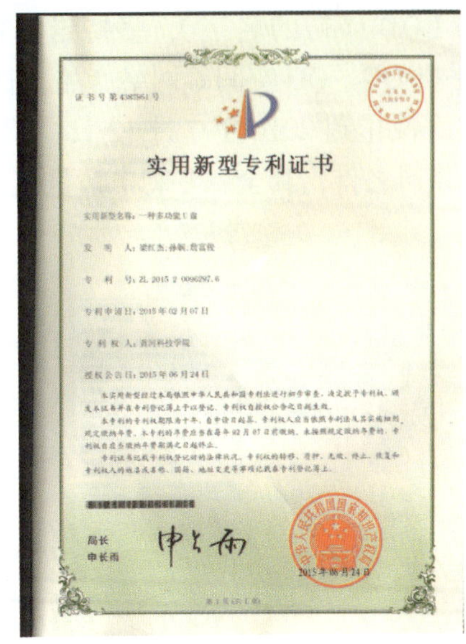

证书号第4382961号

实用新型专利证书

实用新型名称：一种多功能U盘

发 明 人：梁红杰;孙钢;殷富俊

专 利 号：ZL 2015 2 0096297.6

专利申请日：2015年02月07日

专 利 权 人：黄河科技学院

授权公告日：2015年06月24日

本实用新型经过本局依照中华人民共和国专利法进行初步审查，决定授予专利权，颁发本证书并在专利登记簿上予以登记。专利权自授权公告之日起生效。

本专利的专利权期限为十年，自申请日起算。专利权人应当依照专利法及其实施细则规定缴纳年费。本专利的年费应当在每年02月07日前缴纳。未按照规定缴纳年费的，专利权自应当缴纳年费期满之日起终止。

专利证书记载专利权登记时的法律状况。专利权的转移、质押、无效、终止、恢复和专利权人的姓名或名称、国籍、地址变更等事项记载在专利登记簿上。

局长
申长雨

2015年06月24日

图 2.4-2　专利证书

案例分析

三种不同类型的专利发明案例。

案例一：环保型智能化社区垃圾小车

图 2.4-3　环保型智能化社区垃圾小车

目前大多数小区的公共垃圾箱箱盖需人为打开，然后投放垃圾，但许多人嫌垃圾箱脏不愿触碰箱盖，直接将垃圾放在垃圾箱旁，或将垃圾抛向垃圾桶，使垃圾散落一地；还有垃圾箱没有箱盖，夏天臭气熏天，同时滋生苍蝇、老鼠，传播疾病。有的垃圾箱满了，而环卫工人来不及转运，也会导致部分居民乱扔垃圾。某同学设计了一款多功能环保垃圾箱来解决以上问题。利用机器人的相关技术，依靠太阳能供电，做出了新型社区机器人垃圾箱；在人手或物体接近投料口（感应窗）约 25cm—35cm 时，箱盖会自动开启，待垃圾投入后 15—20 秒箱盖又会自动关闭；当垃圾装满时，主动提醒，并自动将垃圾转运至小区垃圾站；在光线较暗时，箱体表面的 LED 灯自动打开，为小区提供道路照明和安全指示；同时通过远程无线呼叫系统，机器人能够自动上门收取垃圾，为小区智能化提供可能，成为真正的社区环保志愿者。

案例二：可自发电的自行车无线定位防盗系统

自行车是生活中常用的交通工具，但近年来，随着小偷作案手法的升级，传统防盗锁的效力越来越弱，导致失窃案件频发。这项发明是一种和车载发电机一体的 GPS 防盗器，解决了防盗器目前存在的供电不足、工作时间短的问题。该装置由电力产生模块（花鼓发电）、卫星定位模块、无线通信模块、主控模块（对于短信的响应、进入锁定状态和解除锁定、报告位置与连续报告位置、报告电池状态、系统掉电保护）、电源管理模块和天线模块构成。该系统比较隐蔽，不容易被小偷发现，可以在自行车被偷后，系统发射 GPS 信号至车主手机，并且在发射器电量不足时通过自行车的发电器维持点亮，直到车主找到自行车。

图 2.4-4　可自发电的自行车无线定位防盗系统

案例三：可变床的万能背包

外出旅游，每当困了累了的时候，好想身边有一张床可以休息一下。出门旅游，背包是必不可少的东西，该发明就是把背包和床合二为一，既能当背包又能当床。这个背包的内部采用了不锈钢框架结构，运用了折叠原理，打开就像一本翻开的书，收起来就像一本合上的书。设计时，方形不锈钢管摆放平稳，质量轻，携带方便。折叠椅运用了三角形结构最稳定、最结实、最省材料的科学原理，可以随时打开坐着休息。这个背包有五大功能：（1）背包，装载物品；（2）床，休息时的卧具；（3）充电器，附加的太阳能充电板可以给手机等电子产品充电；（4）伞，遮阳避雨；（5）折叠椅，除了可以坐，也可以用来歇腿搁脚。这些功能极大地满足了户外旅行的多种需要。特别是作为床使用时，比起睡袋、地垫等户外用品更具有防潮、防虫的优势。

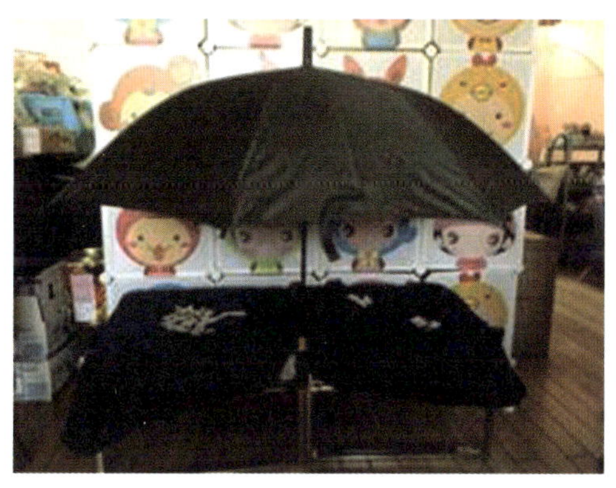

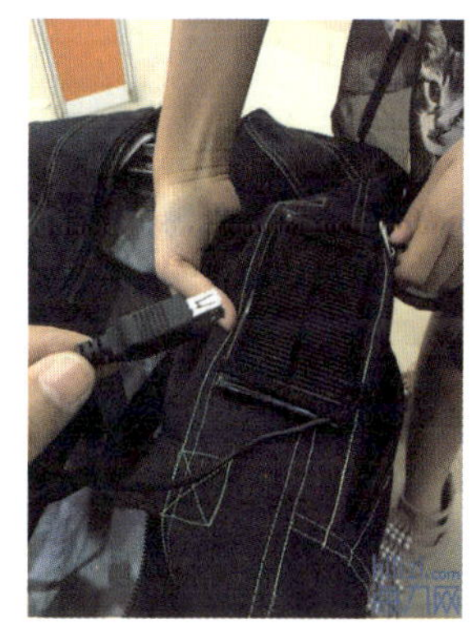

图 2.4-5　可变床的万能背包

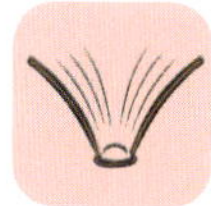

马上行动

1. 通过百度等搜索引擎，查找专利申请流程和注意事项。
2. 上网查找一两个中小学生的发明实例，分析讨论一下他们发明项目的意义。

链接延伸

一、众筹与专利的联系

近年来，众多众筹平台以及众筹模式的兴起，确实在一定程度上降低了创业的门槛，除了在融资方面大有作用外，还可以通过众筹来判断该创意或想法是否有市场价值或发展潜力，既节约了成本又预热了品牌，似乎是个多赢的选择。但不容忽视的是，创业者参与众筹，还是要警惕和注意很多风险，尤其要注意知识产权保护。如果未能提前做好知识产权以及商业秘密保护的话，众筹也可能会成为创业或创新的“绞肉机”——众筹尚未结束，一些山寨产品或店铺已经大量充斥市场，待项目上市时，发现市场可能已经饱和。

曾经一度火爆的“手机智能按键”(小米叫“米键”，360 叫“智键”)，已知的创意最早可能出现在 2013 年。2013 年 8 月，一个名为“Pressy”的产品就在众筹网站发起了一个“手机智能按键”的项目或产品众筹。Pressy 的想法非常巧妙，在耳机插孔上装一个按钮，从手机的耳机电路取得驱动电流，再驱动麦克风电路产生简单的按钮电平。最终通过手机上的应用采集麦克风电平，来识别按钮是否被按下，并根据按下的次数和长短做相应的动作(类似于莫尔斯电码)。

由于该众筹项目的想法和介绍都非常精彩、吸引人，再加上价格不过十几美元，两位项目发起者在众筹平台迅速募集到了超过预期近 20 倍约 400 万人民币的资金。欣喜若狂的项目发起者原本计划 2014 年上半年正式发布产品，结果还未等其产品正式发布，效仿者们的产品已经蜂拥上市，仅国内就有小米推出的“米键”，360 推出的“智键”等。

事实上，Pressy 众筹发起者原计划花 2 000 美元的众筹资金撰写专利申请保护，结果专利尚未提交申请、产品还未真正做出来，市场已经完全被其他厂商“包抄”和“抢占”。

二、发明创新的案例

1. 可移动防惯性车厢

大连市西岗区长春路小学四年级学生刘一甲发明的“可移动防惯性车厢”，可以防止汽车突发情况由于惯性对乘客造成的伤害。刘一甲说，去年他乘坐公交车时，公交车突然刹车造成车内站着的乘客措手不及，险些摔倒。回到家后他就想，可不可以设计一种汽车，遇到突发情况不会连累到车内的乘客。

刘一甲观察发现，橱柜和汽车后备箱的开关使用的阻尼器具有很好的缓冲效果；在地上迅速滚动的球会渐渐停止，摩擦力起到了缓冲作用。他选取了一个具有代表性的汽车模型作为实验模型，将汽车模型固定在第一块木板上作为一个整体，木板下面横向采用了 20 牛的阻尼器一对，阻尼器的一端连接在模型整体上，另一端连接在第二块木板上。调试过程中，刘一甲发现，当突发情况来临时，缓冲惯性的效果不明显，他在下面又加了第三层，并用滚动的滑轮滑道连接第二层和第三层。当突发情况来临时，两种缓冲作用的叠加能够防止汽车由于突发情况产生的危害。

2. 智能调料机自动配比油盐酱醋

不会做饭，尤其油盐酱醋放多少把握不准，是很多年轻人的苦恼。毕业于大连东软信息学院的孙忠海带来了他们团队发明的“膳食套件”，由智能调料机、食品秤、App三部分组成。

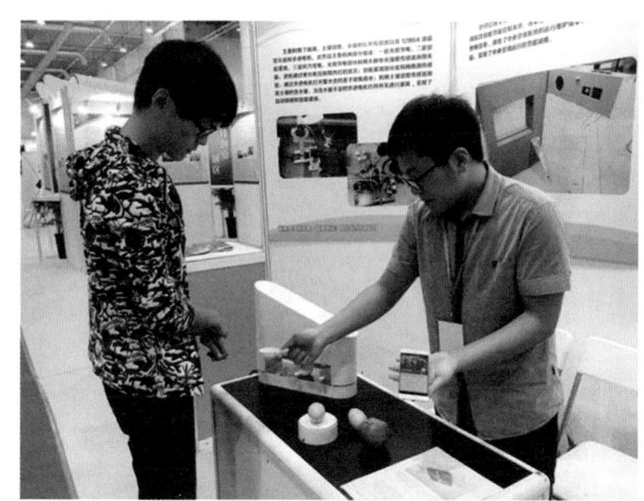

图 2.4-6　膳食套件

孙忠海举例，比如想做一盘西红柿炒鸡蛋，可打开手机下载好的软件，点击制作后，将准备好的鸡蛋、西红柿等材料进行称重，食品秤会通过蓝牙技术与手机内的软件进行数据传输交互，智能调料机将接收到相关数据，需要配比的油盐酱醋将随之精确地准备出来，用户再通过软件内的语音指导，一步步操作，就可做出来调料配比科学的饭菜了。孙忠海说，这个系统还可以将用户一段时间膳食的数据统计出来，帮助用户养成合理饮食的好习惯。

3. 自行车停车站

遍布南京城的公共自行车解决了很多人乘坐公共交通工具“最后一公里”的难题，但在早晚高峰时，不少站点的车明显不够用。那你有没有想过，如果换个停放方式，有限的空间能放得更多。南京锁金新村第一小学五（3）班的学生王子豪根据这个思路进行调查研究，结果发现平行四边形和圆形都比现在的长方形停放更省空间，甚至原来只能停 50 辆车的地方，能停 100 辆。

王子豪为了了解南京地区自行车存放场地情况，和父母走访了城区、江宁、仙林、浦口等十多个自行车存放点，发现所有自行车存放场地都是单排或者双排的长方形。

巧的是，五年级数学课上王子豪正好学习了各种图形面积的计算，于是他开始了推算，“我就通过自己学过的各种图形面积进行计算，我尝试过平行四边形，三角形，还有圆形，最后发现，圆形停车位是最节省空间的，然后是三角形，然后是平行四边形，最后是长方形”。

随后他进行了实地走访、测量和测试，发现自己的设想是正确的，在一个相同的空间内，按照现有的长方形存放的自行车最少，圆形存放最多，甚至能达到长方形的两倍。

2015 年 11 月，王子豪将这个“圆形自行车停车棚”申请了国家专利，2016 年 7 月，他又凭借《南京公共自行车存放现状调查与优化》论文获得了“江苏省少年科学院十佳小院士”的光荣称号。

三、想了解更多中小学知识产权方面的知识，请浏览相关网站

图 2.4-7　中小学知识产权教育网

经过前面的学习，我们已经破解了创客密码，对设计、众筹、专利等有了初步的认识。我们的思维方式在不断改变，新奇的想法在不断涌现，智慧在不断增长，为了把那些想法变为现实，我们还要继续锤炼造物所需的基本技能。来吧！让我们一起走进神秘的“材料王国”，利用“工具设备”，打造出“结构功能”独特的创意作品，开启你的“智能生活”之旅。怎么样？这一切体验是不是太酷、太炫了？赶快行动，把你的快乐与大家一起分享吧！

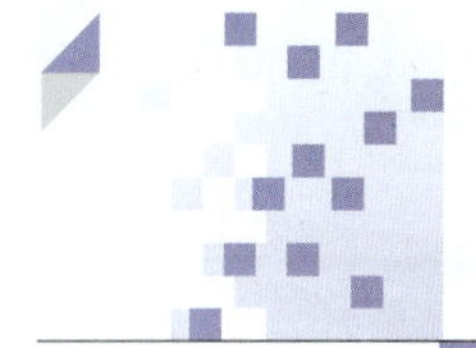

3.1 材料王国

情境引入

材料，可以直接制作成成品的东西。我们生活中的每件物品都可以看作是材料的组合物。例如，衣服是用棉布或化纤制成的，餐具是用陶瓷或不锈钢制成的，房屋是用砖、石、混凝土等筑成的。了解材料的种类、特性，是我们认识和制作物品的前提，也是创客必不可少的技能。那么接下来，就让我们一起走进材料王国，探索材料的奥秘吧！

知识注解

一、天然材料——木材、石材、泥土等

在早期文明时代，由于生产力和生产水平不高，所以人类在制作物品时，往往就地取材。比如，把骨头磨制成骨针，用骨针缝制兽皮做成衣服，用木头和植物搭建成房屋，等等。这些骨头、兽皮、木头等都属于自然界原生的材料，这种自然界本来就有的，不经人类加工合成的材料就是天然材料。

图 3.1-1　应县木塔

图 3.1-2　泥人

应县木塔是中国现存最高、最古老的木质结构塔式建筑。木材有天然纹理，质感好、质量轻、强度高、保温性好、易加工，装饰性好。用黄土抟、捏而成的泥人所用材料是含沙量低、无杂质的纯净胶泥。这种胶泥经风化、打浆、过滤、脱水，加棉絮反复砸揉而成有黏性的熟泥。

二、加工材料——陶瓷、金属（铜、铁）、玻璃等

随着生产力的进步，天然材料制作的物品不再能够满足人类生产生活的需要，人类开始对天然材料进行锻造、烧焙等，于是加工材料就出现了。加工材料就是把天然材料用煅烧、冶炼等物理工艺加工制作之后形成的材料。加工材料也是非常常见的材料，陶瓷、金属、玻璃等都属于加工材料。

图 3.1-3　陶瓷

图 3.1-4　巴黎卢浮宫玻璃金字塔制品

陶瓷是我们大家都很熟悉的一种材料，甚至中国的英文名 China 的由来就与瓷器有关。陶瓷的制作工艺复杂，以陶土或瓷土为原料，经过配料、成型、干燥、烧焙等工艺流程制成。在制作具有审美情趣的瓷器时，还要经过画坯（即在坯上作画）、上釉等工序。

玻璃在常温下是一种透明的固体。巴黎卢浮宫金字塔使用的主要材料是玻璃，四个侧面共计 673 块玻璃，玻璃材质的透明特性保证了地下设施的良好采光，同时体现了现

图 3.1-5　圆明园的十二生肖兽首

图 3.1-6　中岳庙的宋代铁人之一

代艺术风格。

铜是人类最早发现的金属，也是人类广泛使用的一种金属。圆明园十二生肖兽首由欧洲传教士郎世宁设计，清宫廷匠师制作。兽首的铸造材料为精炼红铜，红铜外表色泽深沉、内蕴精光，历经百年而不锈蚀。

铁是地壳含量第二高的金属，也是最常用的金属，是生物体中不可缺少的物质。登封中岳庙里的稀世之宝——四尊宋代铁人，身高均为 3.5 米，握拳振臂，怒目挺胸，形象高大威武。这是我国现存形体最大、保存最好的四个“守库铁人”，人们也称他们为“镇库铁人”。

三、合成材料——塑料、橡胶、纤维等

合成材料也是对天然物质进行再加工而成的材料，但是不同于加工材料，它所采用的是化学方法。我们将不同物质混合经过化学方法使其发生反应就得到了合成材料。所谓“用的是塑料、跑的是橡胶、穿的是纤维”就是合成材料在我们生活中的生动体现。

图 3.1-7　塑料制品

图 3.1-8　塑胶跑道

塑料是以树脂等高分子化合物为基本成分，与配料混合后加热加压而成的、具有一定形状的材料。在常温下不再变形，一般具有质量轻、不会锈蚀、成本低等优点，所以在生产生活中被广泛使用。但是塑料制品也有着不耐热、高温易变形、易老化，尤其是可降解性低、某些情况下可能产生有毒物质等缺点，所以塑料制品又面临着一些环保难题。

早期的橡胶是取自橡胶树、橡胶草等植物的胶汁，加工后制成的具有弹性、不导电、防水性的材料。比如用橡胶制成的塑胶跑道、轮胎等。

纤维是与我们关系最“亲密”的材料了，因为我们身上的衣物大都是用纤维材料制成的。纤维是天然的或人工合成的细丝状物质或结构，有天然纤维和人造纤维两类。天然纤维是自然界存在的植物纤维、动物纤维、矿物纤维。人造纤维，就是用含有天然纤维（植物纤维、动物纤维等）的物质，经过化学加工（溶解于特殊溶液）之后再纺织而成的纤维制品，包括人造丝、人造棉、人造毛等。我们身上的衣物成分多是人造纤维。

图 3.1-9　人造纤维

四、复合材料——人造革、玻璃钢、金属陶瓷等

复合材料（Composite material）就是由两种或两种以上物理、化学性质不同的物质组合成的材料。比单一材料性能优越，应用范围广。

图 3.1-10　人造革

图 3.1-11　玻璃钢撑杆

人造革：类似于皮革的塑料制品，通常是将熔化的树脂加配料涂在纺织品上，经加热处理而成的。也有用加配料的树脂经滚筒压制而成的。与真皮相比，人造革被按压之后产生的皱纹不自然，而且用指甲划过皮质表面，真皮上留下的划痕会很快消失，而人造革上的划痕则很难消失。另外，真皮的反面是气孔，而人造革反面则是化纤的纹理。

玻璃钢：用玻璃纤维及其织物增强的塑料，质轻而硬，不导电，机械强度高，耐腐蚀。撑杆跳的撑杆最初制作材料是竹子，后来出现了较为结实的金属竿，但弹性较差，再后来，玻璃钢凭借其轻便、弹性好等优势被用于撑杆跳领域。目前已经将撑杆跳的高度提升到 6 米以上。

五、智能材料

智能材料（Intelligent material）：由传感器或敏感元件等与传统材料结合而成的一种新型材料。这种材料可以自我发现故障，自我修复，并根据实际情况做出优化反应，发挥控制功能，是现代高技术新材料发展的重要方向之一。智能材料具有感知功能，能够检测并识别外界（或者内部）的刺激强度，如电、光、热、应力、应变、化学、核辐射等，且反应比较灵敏，当外部刺激消除后，能够迅速恢复到原始状态。

下面介绍几种常见的智能材料。

形状记忆合金：具有形状记忆功能的合金，能够在某一温度下经塑性变形而改变形状，在另一温度下又自动变回原来的形状。简状称记忆合金。人造卫星上庞大的天线网就是用记忆合金制作的。发射人造卫星之前，将抛物面天线折叠起来装进卫星体内，火箭升空把人造卫星送到预定轨道后，只需加温，折叠的卫星天线因具有记忆功能而自然展开，恢复抛物面形状。生活中用记忆金属制成的眼镜架弹性极佳，永远都不会出现变形，因为弯曲后可以自动恢复原状，稳定性强，佩戴起来更加轻松、舒适。

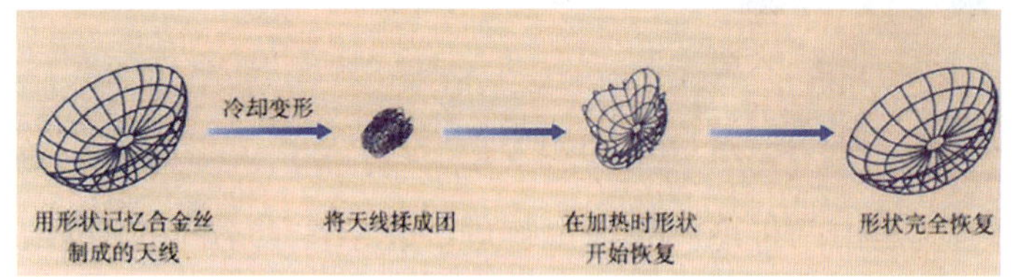

图 3.1-12　形状记忆合金制成的卫星天线

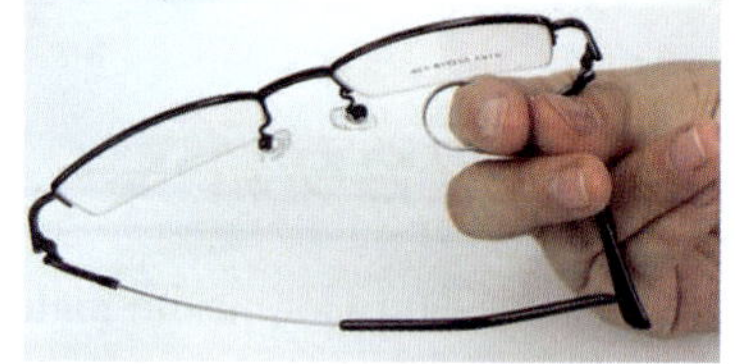

图 3.1-13　记忆合金眼镜架

热敏变色材料：颜色随温度变化而变化的材料。例如会变色的杯子、儿童餐具中的变色勺子、变色油墨等。

加热前

加热后

图 3.1-14　热敏变色材料

热敏变形材料：形状记忆防伪材料。当温度高于六十五摄氏度时，内部的高分子化

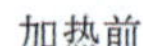

加热前

加热后

图 3.1-15　热敏变形

合物发生化学反应、物理反应，使记忆在材料里面的立体文字或图案凸显出来，或恢复原有的形状。

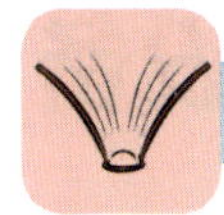

马上行动

1. 用环保棉布设计制作一个购物袋或笔袋。

2. 用木板或者木条设计制作一个相框，并对相框加以美化。

链接延伸

1. 材料，是工业的基础，也是一个工业大国的基石。若你对材料科学领域感兴趣，可以阅读国际中文期刊《材料科学》，那里有国内外材料科学领域研究和应用的最新成果介绍，比如材料科学基础、材料表面与界面、材料试验、金属材料、无机非金属材料、有机高分子材料等等。

2. 若你对新材料感兴趣，可以从中国新材料网获取相关信息，比如先进材料的性能、用途、广阔前景……

3. 若你对网络小说感兴趣，请你阅读小说《材料帝国》(作者：齐橙)。

网络小说《材料帝国》的主要人物秦海——一位来自21世纪的材料学专家，穿越到了1985年的一家小农机厂。于是，一切遗憾终将不再，一切辉煌得以续写。电性功能材料、光学功能材料、生物医学功能材料、超导材料、纳米材料、化学薄膜材料、智能材料、敏感材料、储氢材料……种种神奇，尽在《材料帝国》。

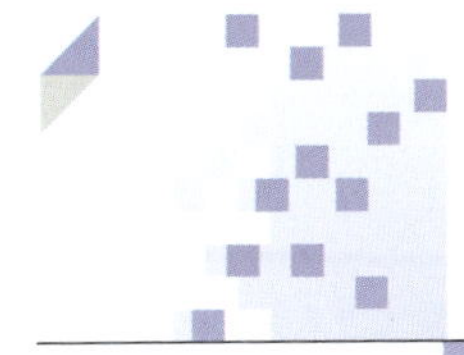

3.2 工具设备

情境引入

照片将人生的精彩瞬间定格，相框可以提升照片的品质。相框的种类有很多，如纸质相框、木质相框、金属相框、数码相框等，但仍然满足不了人们的个性化需求。那么，就让我们走进创客们的灵魂栖息地——创客空间，在那些功能强大的宝箱里挑选合适的工具、设备去加工你选择好的材料，把自己的创意变成现实，制作出独一无二的相框吧！

图 3.2-1　工具大全

知识注解

工具是人们在进行生产劳动时所使用的器具，为加工需要而产生。人们从事任何一项技术活动，都需要设计的语言和设计的实现。设计的语言就是绘设计图，设计的实现就是运用工具制作原型、模型。“工欲善其事，必先利其器”，我们要熟能生巧地使用工具，以不变应万变。工具因其用途和使用方法不同，归属于不同的类别。

一、常规工具

常规工具是指人们常见、常用的工具，如木工工具、金工工具、电工工具等。常见

图 3.2-2　木工工具

图 3.2-3　金工工具

图 3.2-4　电工工具

的有：尺、锯、刨、钻、锤、斧、凿、锉、剪、钳、电烙铁等。下面介绍几种常用工具。

1. 锯

常见的有钢架锯、钢丝锯（锯割曲线和开孔）、曲线锯、手板锯等。根据锯割的材料和目的不同，选择合适锯齿的角度。如在锯割金属或硬质干燥木料时，锯齿的角度要小一些，而在锯割软质潮湿木料时，锯齿角度尽量大一些。

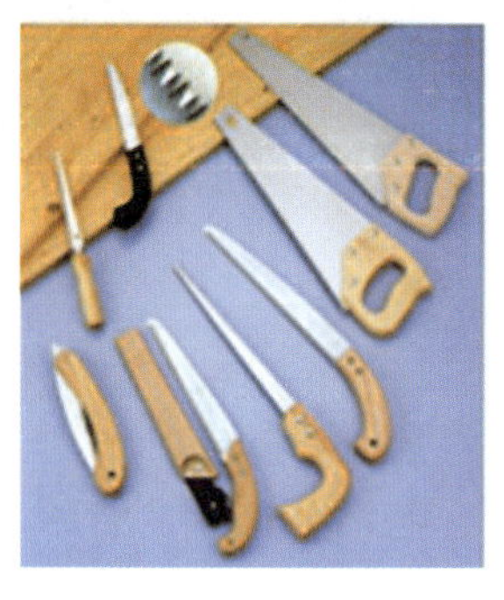

图 3.2-5　常见的锯

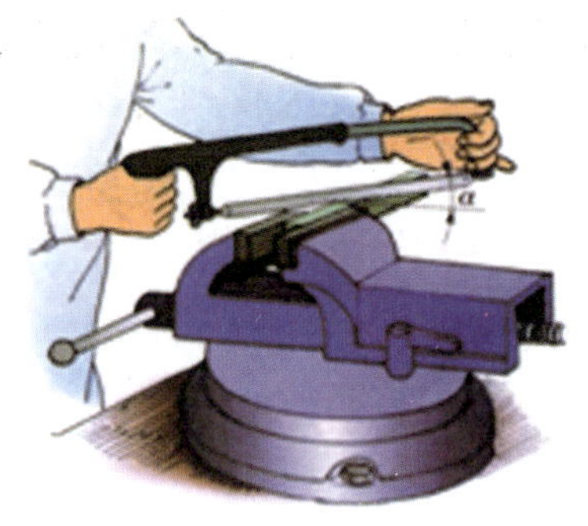

图 3.2-6　正确使用锯

2. 锉

使用锉，让工件符合设计所要求的形状、尺寸和粗糙度。常见的锉刀有圆锉、三角锉等。下图是锉刀种类及用途。

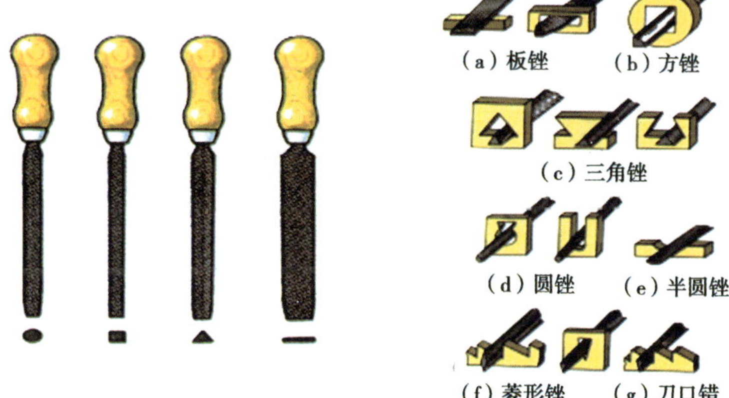

图 3.2-7　锉刀种类

3. 电烙铁

电烙铁是电子制作和电器维修的最常用的工具。电烙铁将电能转换成热能，对元件、导线的焊接点部位进行加热焊接。使用时应注意焊接时间不宜过长，否则容易烫坏元件。

焊接前的处理过程：清洁烙铁头—加热焊件—熔化焊料—撤离烙铁—冷却—固化—焊点—修整清理

图 3.2-8　电烙铁

工作。焊接的一般步骤有以下三步。

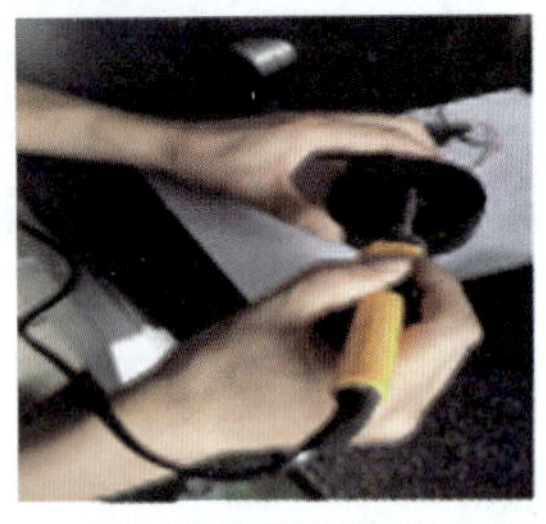

熔化少量的焊锡

对准焊接点

焊接

图 3.2-9 锡焊的步骤

二、电动工具

电动工具就是用电能作动力的工具。常见的有电锯、电钻、锯床、磨床、钻床、车床、铣床、锣床等。下面以锯床、磨床为例介绍电动工具的使用方法。

1. 锯床

锯床的作用是锯割材料。使用时必须在锯条的两边将工件按紧在工作台上，往前慢推工件（前进方向必须与锯齿相对）。切割物品时，工件旋转的速度不宜过快，用力不宜过大，否则会把锯条弄断，操作时应使用护目镜。

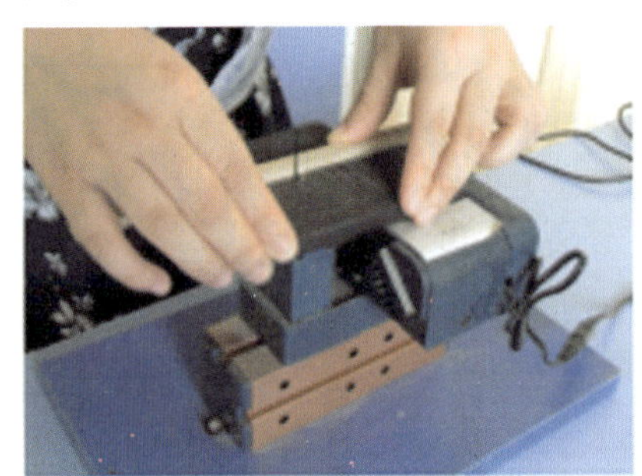

图 3.2-10 微型锯床及锯床的正确使用方法

2. 磨床

磨床的作用是打磨工件。使用时，工件要紧靠砂纸，移动方向与砂纸旋转的方向相

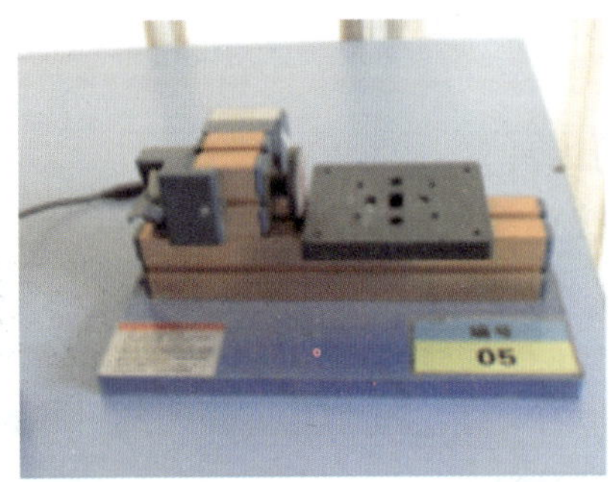

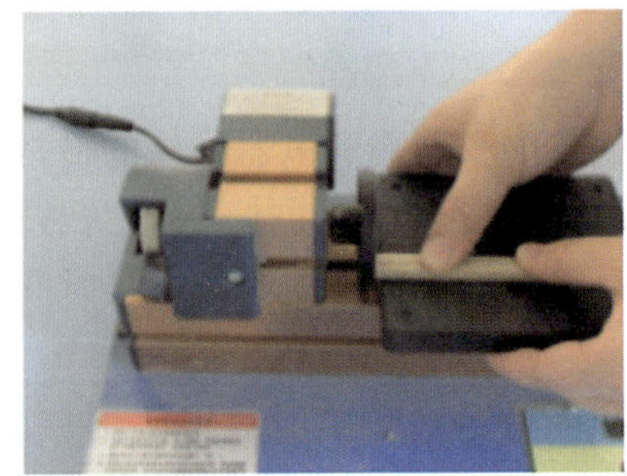

图 3.2-11 微型磨床及使用方法

反。操作时应使用护目镜，并注意不要使衣服和头发接触到正在旋转的物件，以免受伤。

三、数字化工具

数字化工具就是将复杂多变的信息转变为可以度量的数据、数字，再以这些数字、数据建立起适当的数字化模型的工具。常见的数字化工具有激光切割机、3D打印机等。

图 3.2-12　激光雕刻机、切割机

1. 激光切割机

激光切割机可加工木板、亚克力板、金属等材料。我们只需要利用设计软件，精确快速地绘制设计图形，即可制作出装饰生活的艺术品。操作激光切割机一般需要经过“对焦距—点射—定位—走边框—预览”几个步骤后才可以按键开始工作。工作时一定要佩戴护目镜，并注意排风。

图 3.2-13　激光雕刻、切割作品

2. 3D 打印机

3D 打印技术是增材制造技术，即快速成型技术。它以通过计算机软件建立的数字模型文件为基础，运用特殊材料（例如塑料线材），经过高温熔化后从喷头挤出并层层堆叠，点动成线、线构成面、面动成体，从而创造出三维的物体。

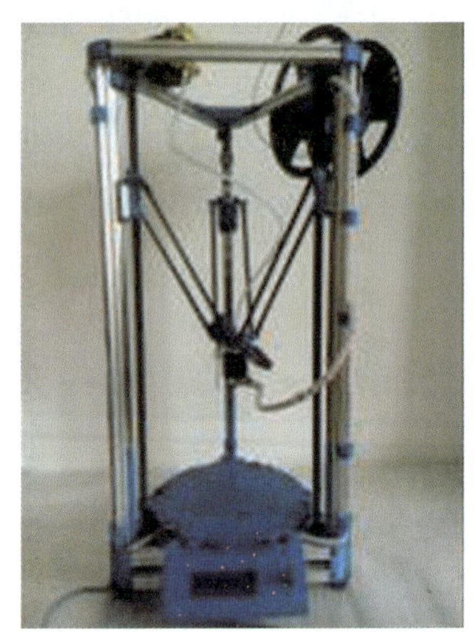

图 3.2-14　3D 打印机

3D 技术应用广泛。可以打印珠宝，打印心脏等仿真器官，也可以打印门、窗、柱子并现场拼装，还可以用于工业生产的个性化定制等。

珠宝

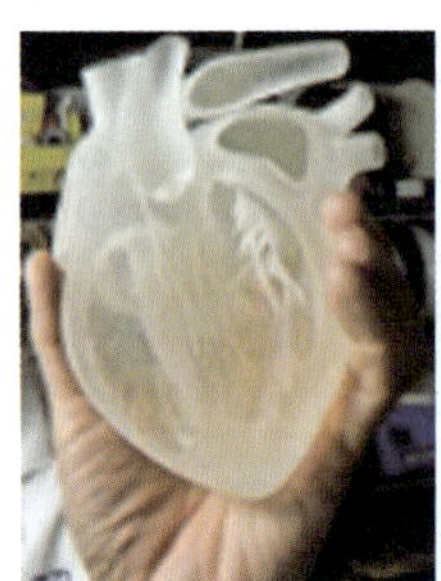

仿生心脏

门、窗、柱子

图 3.2-15　3D 打印的应用

图 3.2-16　学生 3D 打印作品

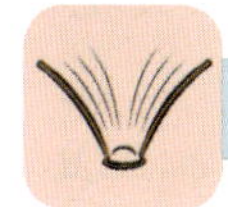

马上行动

1. 选择合适的工具，设计并制作一个木质相框。

2. 改造你的相框，让它具有一个炫酷的外形，或者增加一个功能。例如：想让它亮起来就需要加上几个电子元件，别忘记焊接电路时要用电烙铁呀!

3. 选择一款你喜欢的 3D 设计软件（如：犀牛、123D、3DOne），在电脑里设计你喜欢的卡通动物或者花瓶模型，有条件的话用 3D 打印机打印出来。你会有一种全新的体验，你的创意将变成现实，你将开启智慧的大门，拥抱美好的未来，成就闪亮的人生。

链接延伸

1. 现在是创客时代，为了让青少年领略工业制造的原理和魅力，强化设计与制作理念，提高动手能力，在实践过程中正确、安全地使用工具，尤其是一些迷你型的电动工具，如：微型锯床、磨床、车床、铣床、镗床等，深入学习，为将来成为能工巧匠奠定坚实的基础。

2. 利用网络可以了解更多关于 3D 技术的相关资讯，当然你想要学会用 3D 设计软件进行建模，可以选择 MOOC（慕课）、空中课堂、远程直播等网上学习手段，也可以面对面地进行交流、沟通、分享等。建模软件很多，如：3DMAX、犀牛、SolidWorks、SketchUp、123D、3DOne 、TinkerCAD 等。

TinkerCAD 是 3D 软件公司 Autodesk 的一款免费建模工具，是一款基于浏览器的在

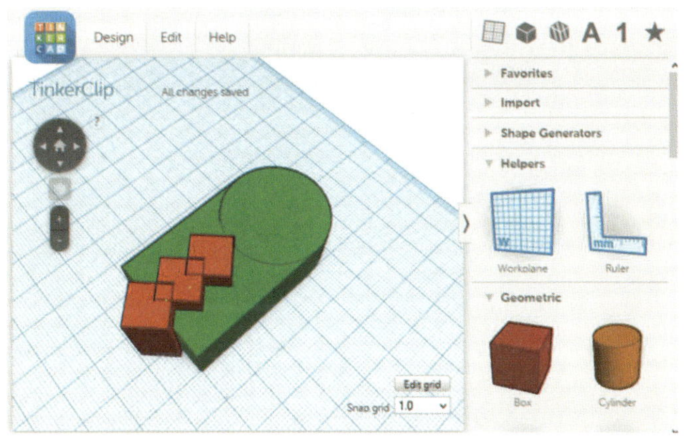

TinkerCAD

图 3.2-17 适合学生的 3D 打印建模软件

线应用程序，几分钟内就可以完成 3D 设计作品，非常适合初学者使用，并可以实现在线保存和共享。

123D Design 是 Autodesk 的另一款免费建模软件，比 TinkerCAD 的功能性更强一些，但是仍然简单易用，还能编辑已有的 3D 模型。目前这款 3D 建模软件可以免费下载。

3DOne 是一款专为中小学素质教育开发打造的 3D 设计软件。该软件实现了 3D 设计和 3D 打印软件的直接连接，丰富的案例库为中小学生提供了一个简单易用、能自由畅想的 3D 设计平台。

123D

3DOne

图 3.2-17（续） 适合学生的 3D 打印建模软件

3.4D 技术来啦!

4D 技术是相对于传统 3D 技术而言的，它在传统的 3D 打印技术中加入了时间变量，使打印出的物体能够随着时间的变化而按照预先的设定改变形态结构。比如，输水管道可以根据其中水量的多少而自动调节管径。4D 技术是 3D 技术的发展趋势，未来将有更加广泛的应用。

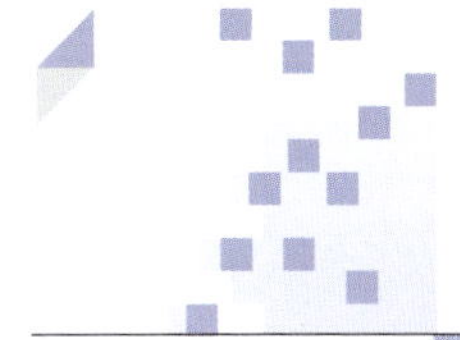

3.3 结构功能

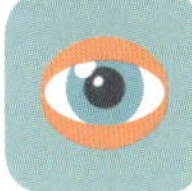

情境引入

生活中许多建筑和设施，或震撼、或美观、或灵巧……为人们带来视觉的震撼和美好的纪念。但狂风中毁掉的广告牌、地震中垮塌的桥梁……也会带来危险。所以在设计和制作结构时，既要考虑结构承受外力作用时的特点，又要满足强大的功能需求。

图 3.3-1 生活中的结构

知识注解

一、结构与力

结构 (Structure) 是指物体各个组成部分之间的搭配和排列，决定了物体的性质和形态，它的作用是承受、传递、抵抗能引起形状和大小改变的力。

一个复杂的结构，由许多不同的部分组成，这些组成部分通常称为构件，常见的构件有三种，即块体、杆件和板壳。

由于组成结构的构件不同，常见的结构类型也有三种，即实体结构（构件为块体）、桁架结构（构件为杆件）和薄壳结构（构件为板壳）。

实体结构

桁架结构

图 3.3-2　常见的结构类型

薄壳结构

图 3.3-2（续）　常见的结构类型

在外力的作用下，结构会被破坏，结构原有的平衡会被打破。结构的强度是指其抵抗外力破坏的能力，与结构的形状、材料和连接方式等有关。结构的稳定性是指其维持原有平衡状态的能力，与重心的位置、底面积的大小和结构的几何形状等均有关系。

矩形梁

工字梁

拱与桁架的结合

图 3.3-3　结构的强度与形状有关

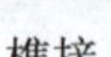

榫接

榫接

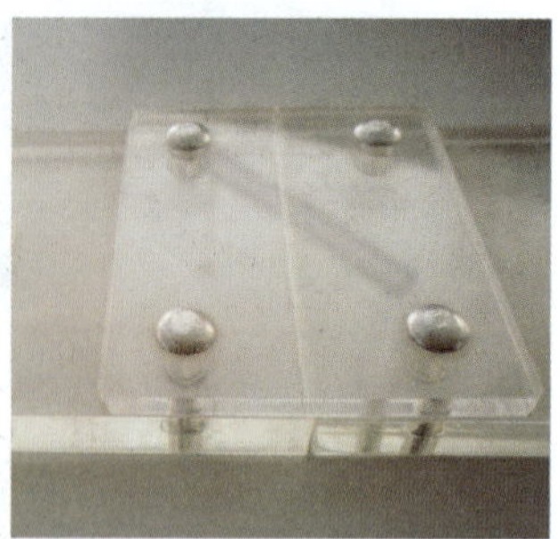

铆接

焊接

粘接

栓接

图 3.3-4　常见的结构连接方式

二、结构与运动

结构不仅要考虑承受外力，还要让结构能通过机械的合理设计动起来，从而具备更强大的功能。图3.3-5中是几种常见的机械结构，可通过不同方式实现运动或传动的功能。

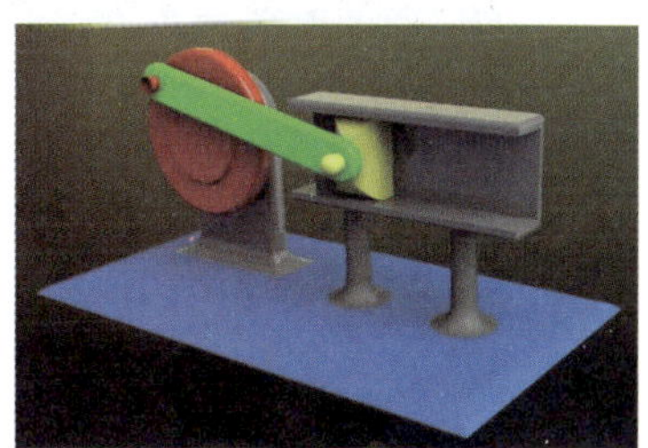

连杆、曲柄滑块

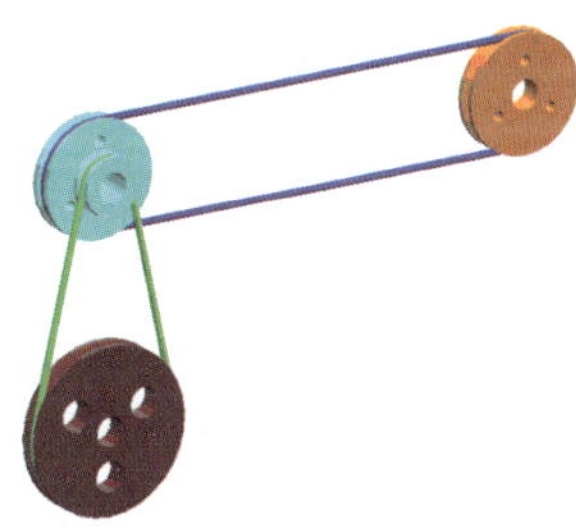

皮带与链条

齿轮、齿条、蜗杆

图3.3-5 常见的机械结构

水车作为一种古老的提水灌溉工具，在农业生产中有广泛应用。水车由一根车轴支撑许多辐条，呈放射状向四周展开。每根辐条的顶端都带着一个刮水的刮板和装水的水斗。借着水势水车缓缓转动，一个个水斗装满了河水逐级提升，临近顶端，水斗自然倾斜，将水注入渡槽，流到灌溉的农田里。还有一种水车，利用人力或畜力同样达到把水送到高处、远处的目的。

图 3.3-6　水车

三、搭建结构，实现功能

在创客活动中为了实现某一功能目的，会搭建不同的结构来表现独特的创意设计，而结构搭建既可选择经济实惠的常用材料进行加工并连接、固定，也可选用成套的积木式的材料进行拼装，还可以利用结构设计软件建造自己的虚拟世界。无论使用哪一种材料，都要能够把设计的创意表现出来，完成结构在力和运动等方面的功能要求。

常用材料

套件

结构设计软件

图 3.3-7　用不同方式实现结构搭建

2015 年 10 月，一个由五位来自中国的 90 后工程师开发制作的项目引爆了著名的众筹网站 kickstarter。究竟是一个什么样的产品，能够如此迅速地吸引美国人的关注呢？就是图 3.3-8 中的机械手臂，它可以达到最大精度为 0.2 mm 的定位，能完成很多工作，通过语音、肢体语言甚至意念来控制。除去控制部分，这里先欣赏它结构设计的精彩吧。稳定、伸缩、转动……

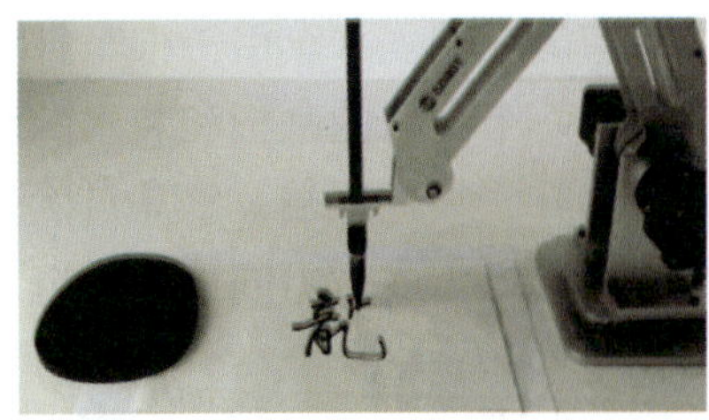

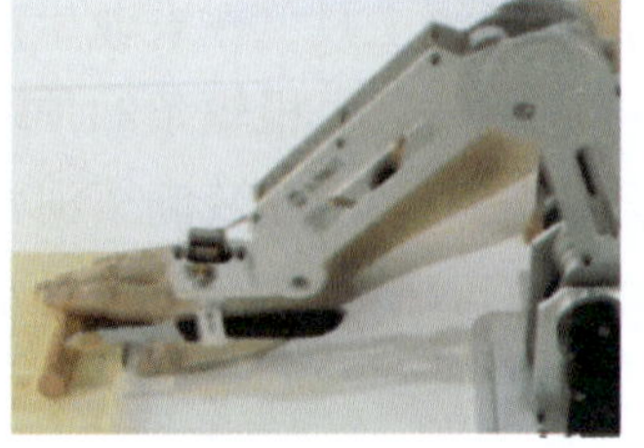

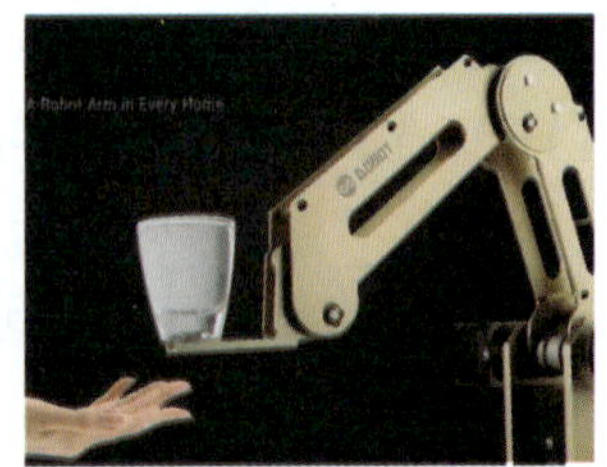

图 3.3-8　机械手臂的结构

案例分析

案例一：万丈高楼平地起

2013 年，同济大学举办的“中学生结构设计邀请赛”的题目是：用白卡纸和白胶并辅助其他工具，如美工刀、铅笔、直尺、电吹风、水、各种模具等，设计并制作一栋带基础的三层建筑结构模型。要求模型结构的支承点（露出地基部分）应分布在外径为 450mm 的范围内，每层结构有楼面板，顶部有屋面板。结构顶部中央应有不小于 200mm × 200mm 的加载面，每层内部应能够放入 150mm × 150mm、高 120mm 的柱体，上部结构（地面以上部分）的总高度为 500 ± 5mm，基础（地面以下部分）高度要求不大于 120mm。模型安装固定后，可承受竖向荷载以模拟建筑结构实际承受的永久荷载、使用活荷载，施加水平荷载，以模拟建筑物承受的风荷载和可能发生的地震作用。图 3.3–9 是学生进行结构测试的场景。

水平荷载测试

竖向荷载测试

图 3.3–9 中学生结构邀请赛现场

这次比赛的材料虽然是卡纸，但经过设计和制作，结构竟然可以至少承载竖直荷载 15 公斤、侧向水平荷载 3 公斤，而测试过关的众多结构中质量最轻的获胜。用更少的材料达到最大的强度，这也是工程设计师的追求。

如图 3.3–10 中，参赛选手使用各自准备的特殊工具，将卡纸加工成不同的截面：三角形、正方形、圆形，而不同截面的纸筒要用怎样的方式去连接呢?

图 3.3–10 结构制作过程

请仔细观察图 3.3–11 中的作品，不同的设计、制作、连接是否会给你带来一点启发？

图 3.3-11　不同的形状和连接

案例二：制作小车

许多同学都玩过玩具小汽车，有人甚至自己动手设计制作过小车的模型，图 3.3–12 中就是一些同学的作品，它们采用不同材料、不同结构，功能也各不相同。

牛奶盒小车

木制小车

太阳能动力小车

弹力小车

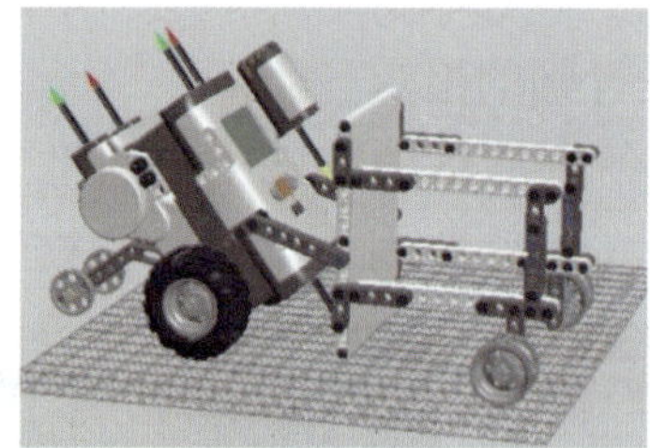

虚拟乐高机器人

Mbot 机器人小车

图 3.3-12　各种各样的自制小车

设计制作时，首先你需要明确你的设计要求，让小车能够承载来自车身和外界的力，同时还应考虑到小车在完成如抬升、挖掘、击打等相应功能时，重心位置的改变会带来不平衡。对于某一功能，则要根据实际情况选择相应的机械结构来配合完成，图 3.3–13

中就是生活中采用不同结构来实现抬升功能的车，而图 3.3–14 中则是同学们在制作小车时采用的结构。

图 3.3-13 生活中采用不同结构来实现抬升功能的车

图 3.3-14 小车制作时的不同结构

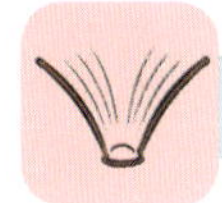

马上行动

制作平板电脑支架

手机和平板电脑已成为许多人生活中的常用工具，手机长时间拿在手里会有不堪重负的感觉，更不要说比手机大得多的平板电脑了。用什么办法把人们的手解放出来呢？图 3.3–15 是一些市场上的平板电脑支架，但不一定能满足每个人的使用习惯。请你搜集相关资料并进行分析市场，设计并制作一个新颖实用的平板电脑支架。

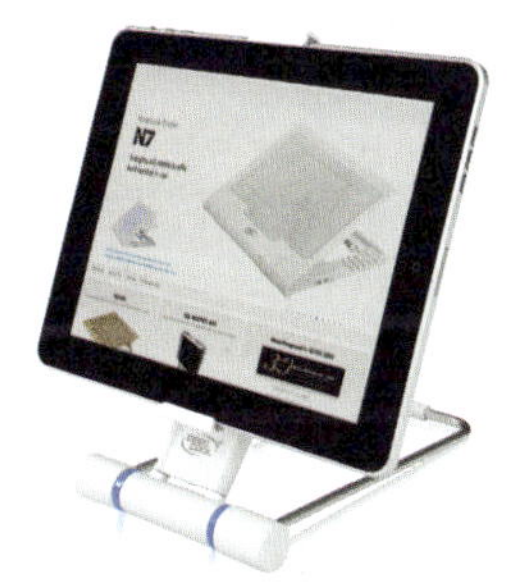  

图 3.3-15 市场上的平板电脑支架

链接延伸

1. 桥梁结构

依据桥梁主要的受力构件，可分为梁桥、拱桥、刚架桥、斜拉桥、悬索桥五大类。

梁桥：亦称“梁式桥”。用梁作为主要承垂结构的桥。在竖向载荷作用下梁主要承受矩和剪力，桥梁支座仅传递竖向压力不产生水平反力。

拱桥：用拱作为主要承重结构的桥。拱内横截面上主要承受压力，拱在支承处要产生水平推力，故对地基要求比桥梁高。

刚架桥：亦称“刚构桥”。上部结构的梁与下部结构的墩固接成整体的桥。支柱与主梁共同受力，受力特点为支柱与主梁刚性连接，在主梁端部产生负弯矩，减少了跨中截面正弯矩，而支座不仅提供竖向力还承受弯矩。

斜拉桥：亦称“斜张桥”。用拉索将主梁吊于桥塔上的桥。梁、索、塔为主要承重构件。利用索塔上伸出的若干斜拉索在梁跨内增加弹性支承，减小梁内弯矩而增大跨径。受力特点为外荷载从梁传递到索，再到索塔。

悬索桥：亦称“吊桥”。用悬挂的高强度钢缆索作为主要承重结构的桥。主缆为主要承重构件，受力特点为外荷载从梁经过系杆传递到主缆，再到两端锚锭。

梁桥

拱桥

拱桥

刚架桥

图 3.3-16

悬索桥

斜拉桥

图 3.3-16（续）

2. 常用结构设计软件

（1）四维拓智三维设计软件

“全国中小学电脑制作活动”评选类项目之一“创新三维设计”指定的结构设计软件。比赛要求参考生活中的常见事物，通过计算机三维立体设计平台进行设计、搭建和零件装配，并完成功能演示动画。

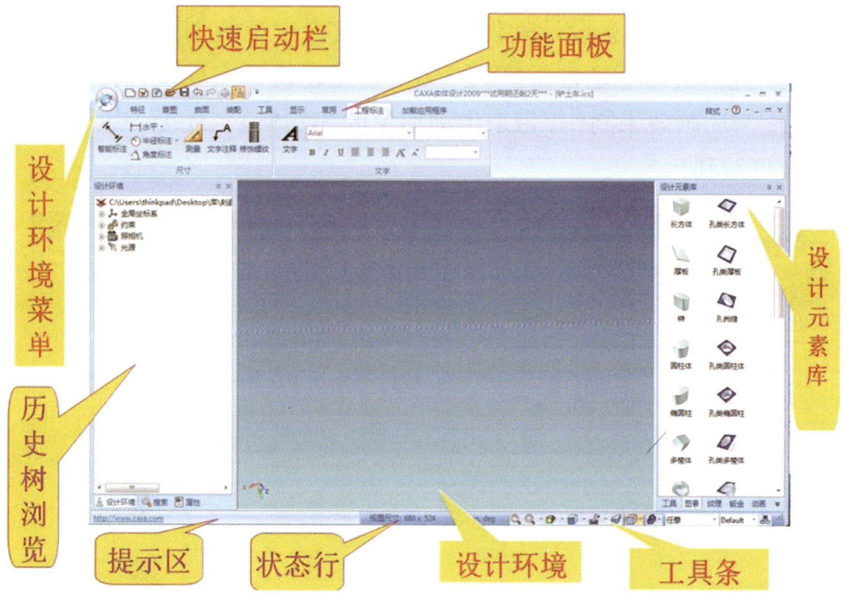

图 3.3-17　四维拓智三维设计软件操作界面

（2）虚拟乐高积木（LEGO Digital Designer）

一套由乐高公司所出的积木 3D 模型制作软件。程序里内建了各种乐高数字积木组，你可以从中挑选出适当或喜爱的来拼出独一无二的结构模型。这套软件使用起来非常简单，几乎只要动动鼠标就行了；更重要的是它完全免费，乐高迷们一定要来试试！

图 3.3-18　虚拟乐高积木操作界面

（3）3DOne

国内首款青少年三维创意设计软件，贴合启发青少年的创新学习思维智能，具有简易的 3D 设计功能。进阶版还能够实现 360° 任意建模，实现设计师的无限思路和创意，内嵌智能装配与动画效果制作，带来生动形象的 3D 体验。还能一键输入 3D 打印机，让创客活动开展更顺利！

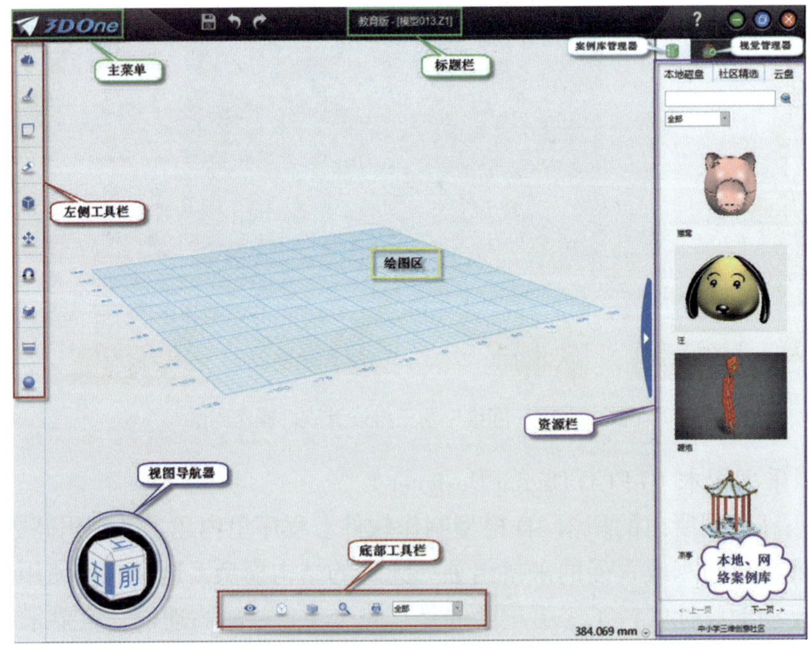

图 3.3-19　3DOne 操作界面

3.4　智能生活

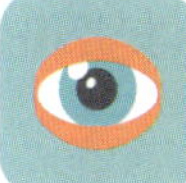

情境引入

通过前面的学习，我们对创客已经有了大致的了解，学会了选择材料、设计结构、使用工具等。在很多创客项目中，高端大气上档次的智能控制是怎么实现的呢？需要掌握哪些新的技能？我们的生活和学习时间被越来越多的自动化和智能化设备所占据，智能手表、智能手机、平板电脑等。我们生活的方方面面已经离不开各种智能化的产品了，那么这些智能化的产品是怎样做的呢？让我们一起进入自动化和智能化的世界吧！

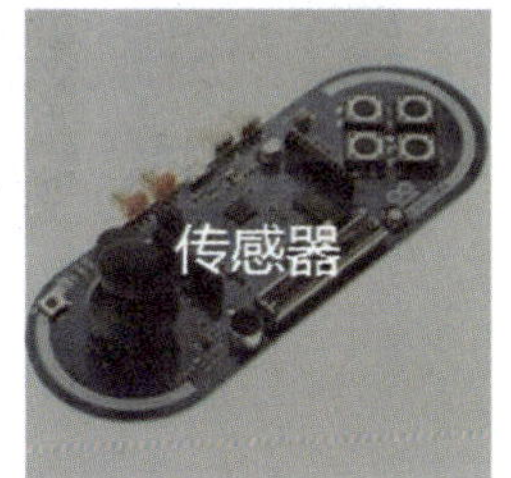

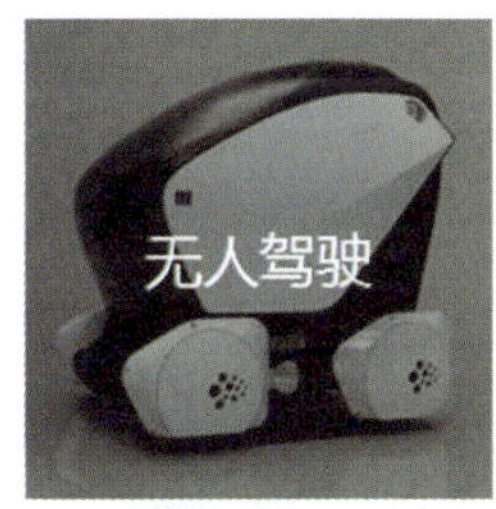

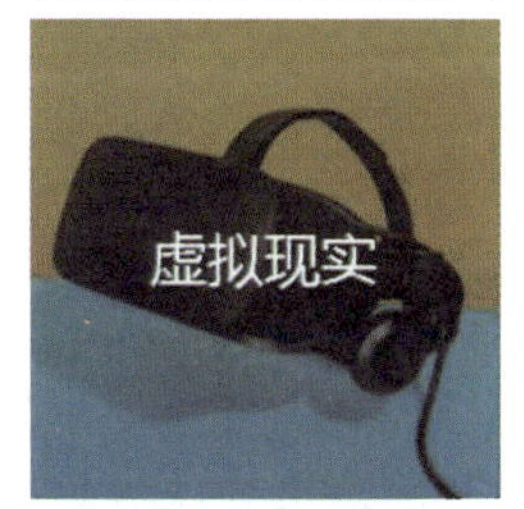

图 3.4-1　智能化世界

知识注解

一、自动化和智能化

1. 自动化

很多产品中的部件能够代替人类的部分工作，甚至可以超越人类的能力去完成一些任务，这些部件的运行需要有类似于大脑的核心部件去控制。比如街头的红绿灯每过一段时间会来回变换，并不是有专人一直用开关去控制；我们教室的铃声会在固定的时间响起，也并不是像老电影里那样有专人负责打铃。这些功能的实现都是靠电子元件实现的，这就是自动化，实现自动化的核心部件就是微电子控制器。

图 3.4-2　自动打铃器

图 3.4-3　红绿灯

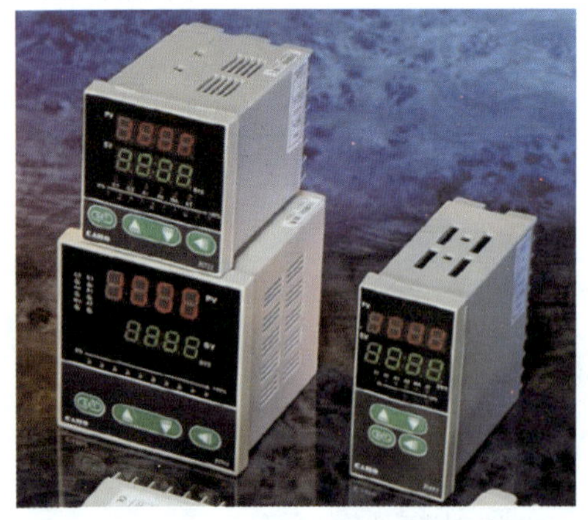

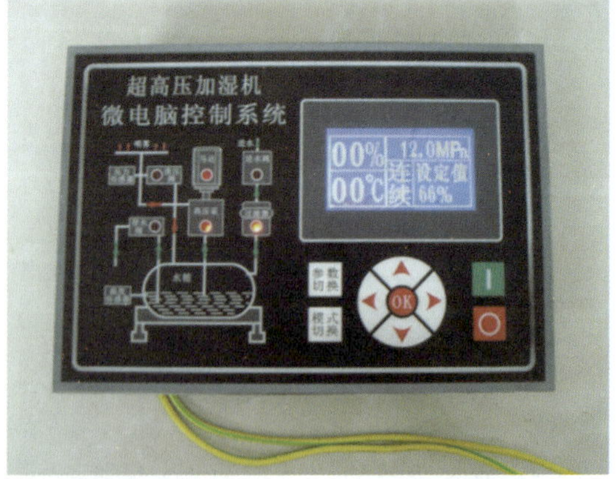

图 3.4-4　常见的微电子控制器

图 3.4-4（续）　常见的微电子控制器

2. 智能化

微电子控制器在控制其他外接部件运行的时候会碰到很多情况（搜集到很多数据），如果我们没有提前设置好遇到特定情况所对应的操作，那么就会出现没有反应、无限等待或者死机等情况。如果我们对可能发生的情况做最好的安排（编写程序），那么这个控制器就会按照我们的想法解决相应的问题，实现特定的任务。

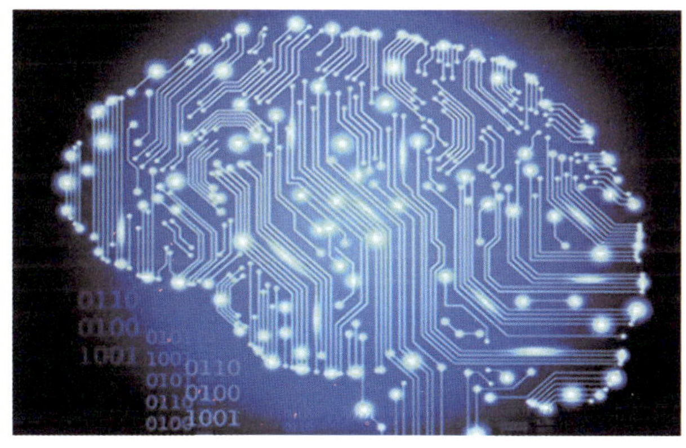

图 3.4-5　智能化

例如：我们可以设计一个智能红绿灯，通过摄像头监测车流量，根据某个方向的车流量，红绿灯时间自动调整，这就是智能化。依靠微电子控制器和程序设计，就可以让设计变得自动化和智能化，从而让我们的生活变得更加方便。

试一试：请你和同伴一起讨论，设计一种智能红绿灯方案。

在设计中，你一定有很多新奇的想法，可是想法越多，冲突越多，越杂乱。怎么办？这时就需要运用计算机程序设计的思维方式来帮助你冲出牢笼，理清思路。

二、程序设计

这个国家的每个人都应学习编程，因为它将教会你如何思考。

——史蒂夫·乔布斯

1. 程序

程序（program）是为实现特定目标或解决特定问题而用计算机语言编写的命令序列的集合。程序是计算机能听懂的语言，是需要计算机完成的指令。程序 = 算法 + 数据结构。

编写程序（简称编程）本身是人脑思维方式的映射。没有经过专业训练的人，大部分时候很难发现自己的思维缺陷和问题。学习编程，可以有效地提高自己思维的完整性和逻辑性。编程本身就是这样一个培养思维的方式，甚至可以看成是一个有趣的大脑游戏，帮助大家提高逻辑思考的能力。

2. 程序结构

（1）流程图和算法

要想了解程序，需要先简单了解流程图。流程图是以特定的图形符号加上说明，表示算法的图。常见的流程图符号及含义如表 3.4.1 所示。

表 3. 4. 1 常见的流程图符号

图框	名称	功能
圆角矩形	起止框	表示一个算法的开始和结束
平行四边形	输入输出框	表示一个算法的输入和输出信息
矩形	处理框	赋值，执行计算语句、结果的传送
菱形	判断框	表示判断某一个条件是否成立
→↓	流程线	表示执行步骤的路径流程进行的方向

什么是算法？做任何事情都有一定的步骤。为解决一个问题而采取的方法和步骤，就称为算法。

（2）基本程序结构

基本程序结构主要由以下三种逻辑结构组成：顺序结构、选择结构、循环结构。

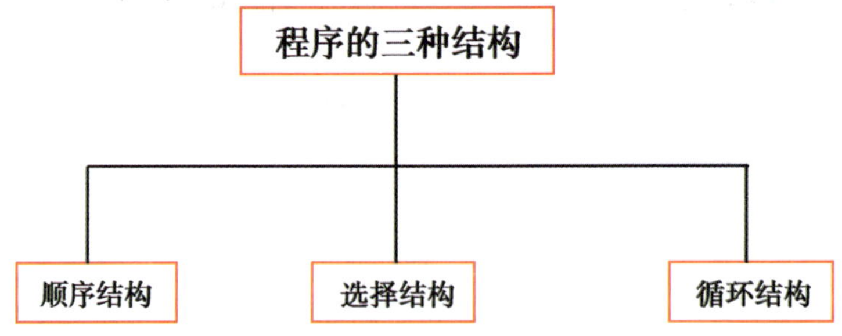

图 3.4-6　程序的三种结构

顺序结构：各操作是按先后顺序执行的，是最简单的一种基本结构，如图 3.4-7 所示，其中 A 和 B 两个框是顺序执行的，即在完成 A 模块所指定的操作后，必然接着执行 B 模块所指定的操作。

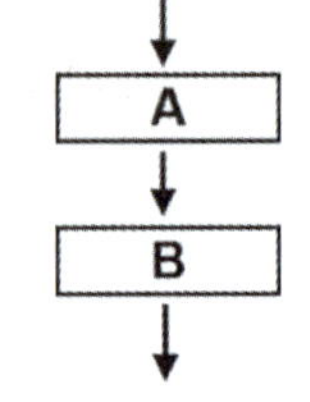

图 3.4-7　顺序循环示意图

想一想：在红绿灯运行的过程中，哪个过程是顺序结构？你能画出这个顺序结构的流程图吗？提示：红灯灭，黄灯亮 3 秒，绿灯亮。

试一试：图 3.4-8 是运行在 Labplus 程序设计软件里的程序，运行顺序是什么？你可以用文字描述出来吗？提示：R、Y、G 分别代表红灯、黄灯、绿灯。

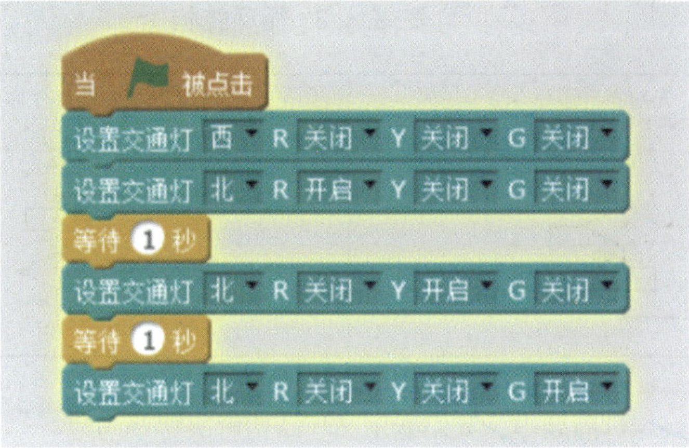

图 3.4-8　Labplus 中的程序截图

选择结构：根据条件成立与否选择程序执行的通路。

判断条件 P 是否成立，成立执行 A 模块，否则执行 B 模块。当然，允许左右两侧某一部分的操作为空操作。

选择结构示意图，如表 3.4.2 所示。

表 3.4.2　选择结构示意图

选择结构	某一部分的操作可以为空操作	某一部分的操作可以为空操作
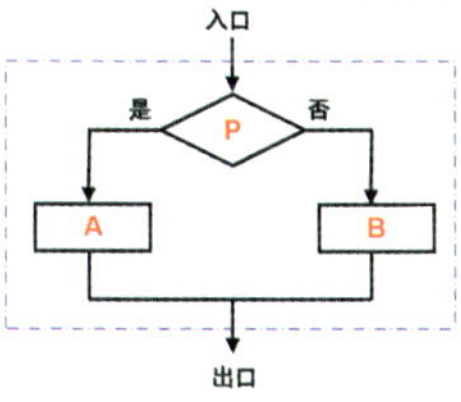 入口 是 P 否 A B 出口	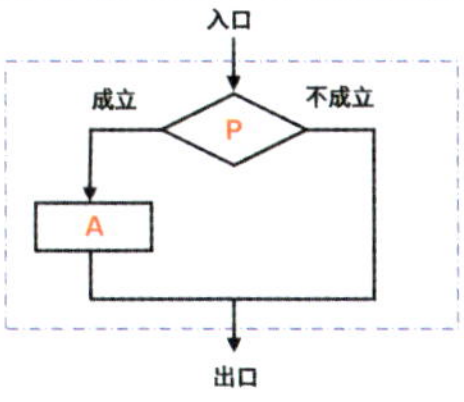 入口 成立 P 不成立 A 出口	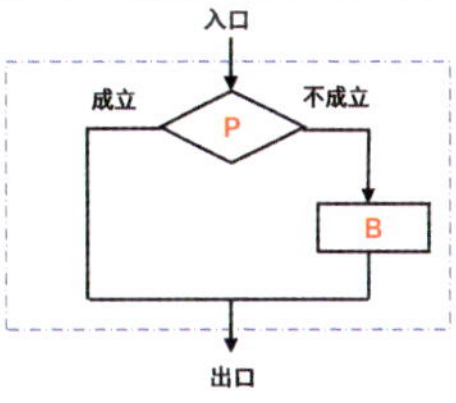 入口 成立 P 不成立 B 出口

想一想：在红绿灯问题中，如果碰到某一方向拥堵，可以用怎样的选择结构解决？画出流程图。

试一试：在 Labplus 程序设计软件中，图 3.4-9 的程序运行顺序是什么？你可以用文字描述出来吗？

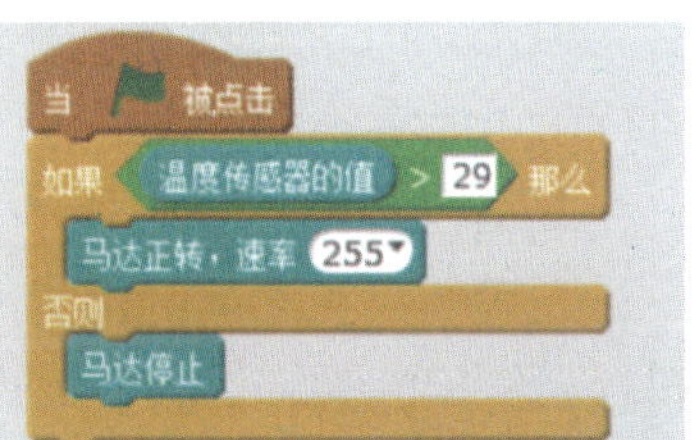

图 3.4-9　Labplus 中的程序截图

循环结构：又称重复结构，即在一定条件下，反复执行某一部分的操作。循环结构又分为当型循环结构和直到型循环结构。如表 3.4.3 所示。

当型循环结构：条件成立时，反复执行某一部分的操作，当条件不成立时退出循环。

直到型循环结构：先执行某一部分的操作，再判断条件，当条件成立时，退出循环；条件不成立时，继续循环。

表 3.4.3 循环结构

当型循环结构特点：先判断再循环， A 可能一次也没执行到。	直到型循环结构特点：先执行再判断， A 最少要执行一次。
入口 P 不成立 成立 A 出口	入口 A 不成立 P 成立 出口

想一想：在红绿灯问题中，我们能用循环结构解决哪些问题？

试一试：在 Labplus 程序设计软件中，下面的程序运行效果是什么？你可以用文字描述出来吗？

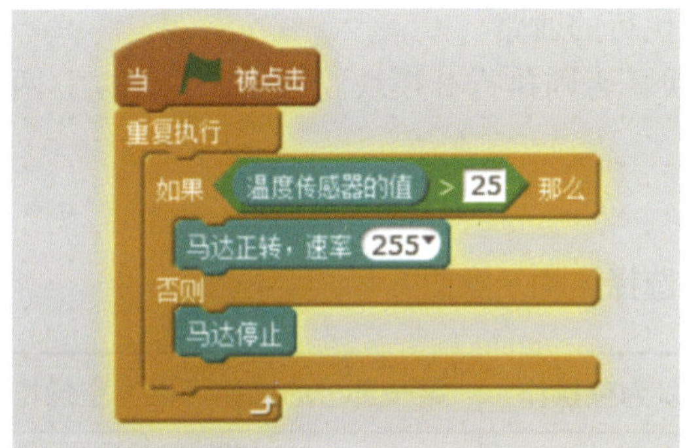

图 3.4-10 当型循环结构

图 3.4-11 直到型循环结构

图 3.4-10：先判断温度是否大于 25 摄氏度，如果大于 25 摄氏度，就让马达正转，否则马达停止。然后再进行判断，无限循环。

图 3.4-11：运行后，马达先正转，然后判断温度传感器的值，如果不小于 26 摄氏度，就让马达继续正转，再去判断，无限循环，直到温度小于 26 摄氏度，循环停止。

但是，由于处理器运算速度非常快，所以，如果实际温度小于 26 摄氏度时在实际运行中可能看不到区别。

3. 编程语言

与我们人类之间的沟通一样，计算机之间也有相应的语言，用来描述现实生活中的问题。常用的编程语言有：C、C++、C#、Java、Delphi、HTML、PHP、Python 等。

· C 语言主要用来设计底层的系统软件、动画和三维的处理软件，常见的操作系统都是用 C 语言来编写的。

Windows 系统

Linux 系统

苹果操作系统

图 3.4-12 常见的操作系统图标

· C++ 被认为是效率很高的编程语言，我们见到的大多数应用软件和游戏都是使用 C++ 开发的。

· C# 主要用来开发 Windows 平台下的应用程序和网页程序，很多企业级的 Windows 平台应用程序都是使用 C# 编写的。

· Java 是一款企业级开发语言，很多时候被用来制作网页程序，另外移动互联网领域的程序和游戏也有很多是使用 Java 制作的。

· Delphi 主要被用来制作小型桌面软件，比较灵活。

· HTML、PHP 主要被用来制作网页。

· Python 主要用于数据分析和网络数据传输。

编程语言的思想都是相通的，不同的只是在语法、效率和对硬件平台的支持上。我们在创客项目中使用的 Arduino 平台可以支持 Java、C、C# 等多种语言，一般使用基于 C/C++ 语言的编程语言来进行开发。

三、开源硬件

1. 开源和开源硬件

（1）开源。开源是软件中的一个名词，是非盈利软件组织定义的，用于描述那些源码可以被公众使用的软件，并且此软件的使用、修改和发行也不受许可证的限制。后来，开源慢慢地变成一种分享的文化，就是所谓的开源文化。开源文化起源于 20 世纪后期，并在 2008 年全球经济衰退期强势崛起。技术的崛起一般都是和金融并肩齐行的，而开源文化在金融危机中获得青睐和机会，正是源于开源文化中的创造和分享。

（2）开源硬件。硬件和软件从来都是密不可分的，硬件的设计一般包含电路图、材料清单、电路板布局数据。这些硬件使用开源软件来驱动，可以获取详细的运行信息和输入输出控制，这就是开源硬件。开源硬件的蓬勃发展是在移动互联网时期，开源硬件主要包含数据处理器、数据输入输出接口、传感器、控制器等。如果你了解计算机或者智能手机的构造，你就会发现，从组成结构上，它们是非常相似的，跟人的组成结构也有类似之处。人的大脑相当于数据处理器，眼睛、耳朵、皮肤甚至直觉都属于输入装置和传感器，嘴巴、手、脚属于控制器和输出装置。

议一议：查阅开源硬件相关资料，讨论以下两个方面的内容：第一，各种开源硬件平台的特点，它们有何区别？第二，你所了解的一些智能化产品是用哪些开源硬件平台制作的？

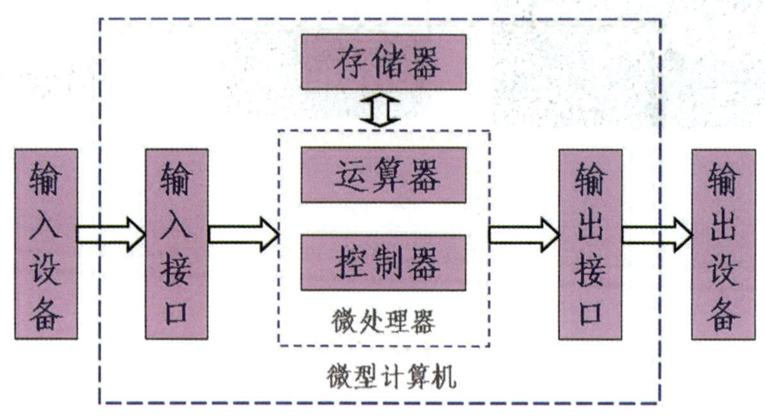

图 3.4-13　微型计算机示意图

2. 微电子控制器

创客使用的微电子控制器主要是 Arduino 开发板、树莓派、英特尔的 Edison 板。我们在通识读本里只介绍以 Arduino 为基础的微电子控制器。

Arduino 是一款便捷灵活、方便上手的开源电子原型平台，由一个欧洲开发团队于 2005 年冬季开发。主要包含两个部分：硬件部分是可以用来做电路连接的各种型号的 Arduino 电路板；软件部分则是 Arduino IDE，也就是计算机中的程序开发环境。你只要在 IDE 中编写程序代码，将程序上传到 Arduino 电路板后，程序便会告诉 Arduino 电路板要做些什么了。

图 3.4-14　Arduino Uno 开发板

Arduino 能通过各种各样的传感器来感知环境，通过控制灯光、马达和其他的装置来反馈、影响环境。

Arduino 发展迅猛，形成了一套包含各种功能扩展板、传感器的开源硬件平台。按照 Arduino 官方对于硬件的划分，我们推荐大家学习使用 Arduino Uno 开发板。由于 Arduino 的开源，它的生产厂商很多，如果你资金充沛并且想支持 Arduino 的发展，建议通过国内的官方代理商购买意大利产的原版控制器。其次就是购买国内厂商的兼容板，推荐 SeeedStudio（柴火创客空间母公司）、DFrobot 智位机器人、ALSROBOT 奥松机器人、OpenJumper

图 3.4-15　奥松机器人

这四家公司的产品（排名不分先后），兼容性好，技术支持到位。

另外，学 Arduino 需要一些电路知识，还需要使用接线板进行电路的连接。有很多在 Arduino 基础之上发展而来的第三方硬件平台，可以使用模块化接口的插拔完成电路的连接，例如 DFrobot 制作的 Gravity Starter kit for Arduino 编程积木、奥松出品的基于 Arduino 互动电子积木套件、盛思出品的创客实验箱、Makeblock 出品的 mBot 系列套装。

3. 外接设备

图 3.4-16　Gravity Starter kit for Arduino 编程积木

图 3.4-17　基于 Arduino 互动电子积木套件

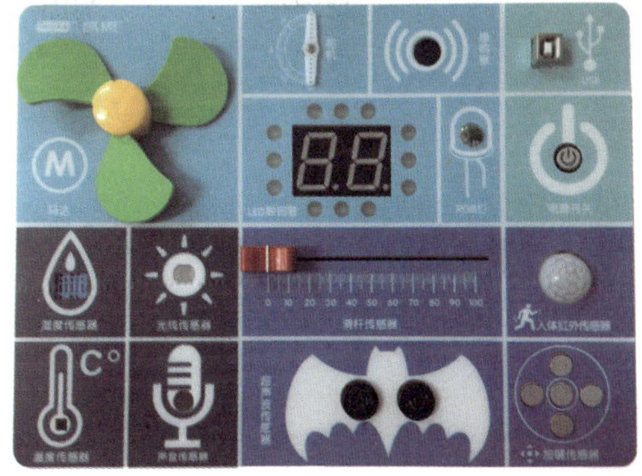

图 3.4-18　盛思创客实验箱

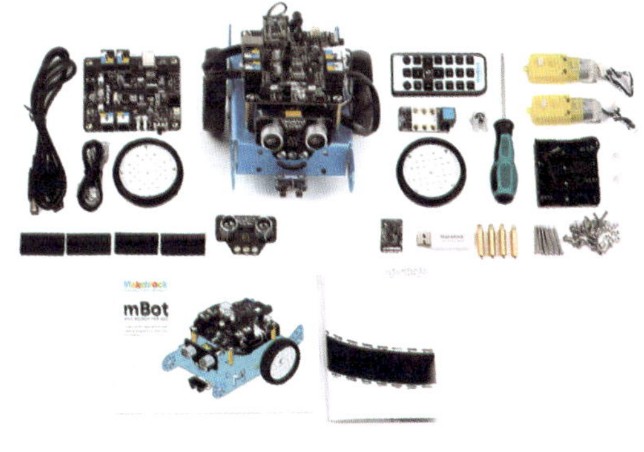

图 3.4-19　Makeblock 出品的 mBot

微电子控制器只相当于大脑，那么肯定还需要有外接设备，完成数据的输入、输出、控制等功能。外接设备有传感器、电机、屏幕等。

常见的传感器有红外传感器、温度湿度传感器、颜色传感器、按钮 / 碰撞传感器、超声波传感器、光线传感器、电位器、声音传感器、压力传感器、气压传感器、指纹识别传感器等。传感器一般都有通用的接口，方便接入到微电子控制器上。以 Arduino 为基础的硬件套装一般都含有接口对应的传感器，也可以单独购买。

以下分别是超声波传感器、指纹识别传感器、温度湿度传感器。

超声波传感器

指纹识别传感器

温度湿度传感器

图 3.4-20　常见的传感器

4. 硬件之间的通信协议

常见的通信协议有：红外、RFID、蓝牙、GPRS/GSM、Wi-Fi、ZigBee。

· 红外：近距离通信协议，一般用于遥控器。常用的电视遥控器和空调遥控器等家电遥控器都是红外通信。

· RFID：近距离通信协议，一般用于识别或跟踪工业和商业标签。公交卡刷卡使用的就是 RFID 通信。

图 3.4-21　公交卡刷卡

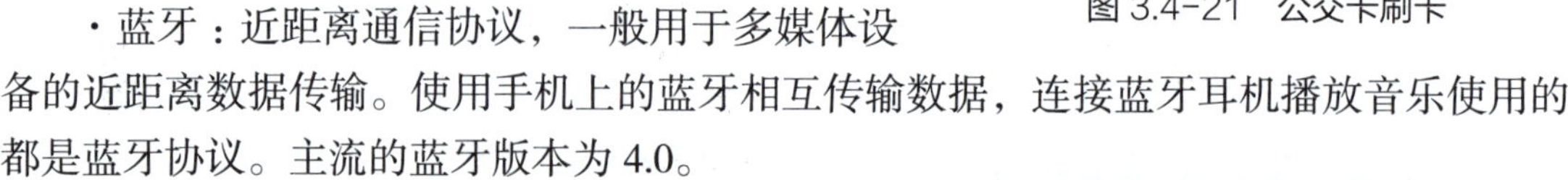

· 蓝牙：近距离通信协议，一般用于多媒体设备的近距离数据传输。使用手机上的蓝牙相互传输数据，连接蓝牙耳机播放音乐使用的都是蓝牙协议。主流的蓝牙版本为 4.0。

· GPRS/GSM：远距离通信协议，一般用于手机等可移动设备的信号传输 . 与其他协议不同的是它需要经过统一的信号发射和接收装置进行。我们用手机打电话、发短信、上网，它们与信号基站之间的通信使用的都是这种协议。GSM 通信协议基本已经面临淘汰，以 LTE 为主的 4G 网络正在普及。

图 3.4-22 GSM 基站

Wi-Fi：速度更快的近距离局域网传输协议，一般用于可移动设备之间的快速网络传输。Wi-Fi 的版本也在不断发展，现在主流的无线版本为 802.11n/g, 基于 2.4GHz/5GHz。速度为 300Mbps。

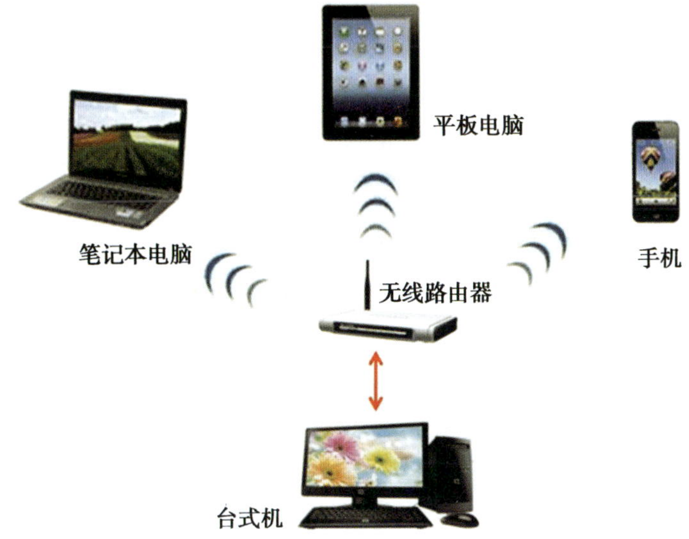

图 3.4-23 Wi-Fi 应用

微电子控制器一般都可以使用内置或者外接的芯片通过这些协议进行通信。以 Arduino 为基础的开源硬件平台都配备对应的通信芯片。

5. 编程环境

编程环境即集成开发环境（Integrated Developing Environment，简称 IDE）: 是一个综合性的工具软件，它把程序设计全过程所需的各项功能集合在一起，为程序设计人员提供完整的服务。

例如：早期的 C 语言编程环境有 Tuber C，目前比较流行的 C 语言、C++ 的编程环境有 Dev-C++、C++ Builder，VC++ 等；Java 的编程环境有 Jbuilder、Eclipse 等，它们都是集成开发环境，Arduino 的编程环境有 Arduino IDE、ArduBlock、Mixly 等。

集成开发环境并不是把各种功能简单地拼装在一起，而是把它们有机地结合起来，统一在一个图形化操作界面下，为程序设计人员提供尽可能高效、便利的服务。例如：程序设计过程中为了排除语法错误，需要反复进行编译—调试—再编译的循环，最后执行程序。

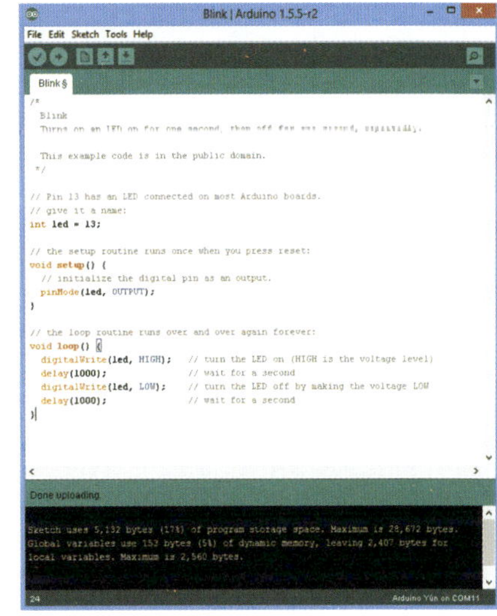

图 3.4-24 Arduino IDE 界面

（1）Arduino IDE

Arduino 开源硬件平台使用的软件平台是 Arduino IDE，这些基本都是代码编程。

创客初级阶段，一般使用 Arduino 的可视化编程平台（积木模块化编程），可视化编程是与传统的编程方式相比较而言的，这里的“可视”，指的是无须输入代码，仅通过直观的操作方式即可完成界面的设计工作，就像搭积木一样简单。常见的积木模块化程序设计平台有 Scratch 。Arduino 系列图形化程序设计平台有 ArduBlock、S4A、Mixly、mBlock、Labplus 等，很多都是基于 Scratch 开发而来的。

（2）Scratch

Scratch 是一款由麻省理工学院 MIT 设计开发的一款面向青少年的简易的可视化编程软件。构成程序的命令和参数通过积木形状的模块来实现，用鼠标拖动积木块到程序编辑栏就可以了。

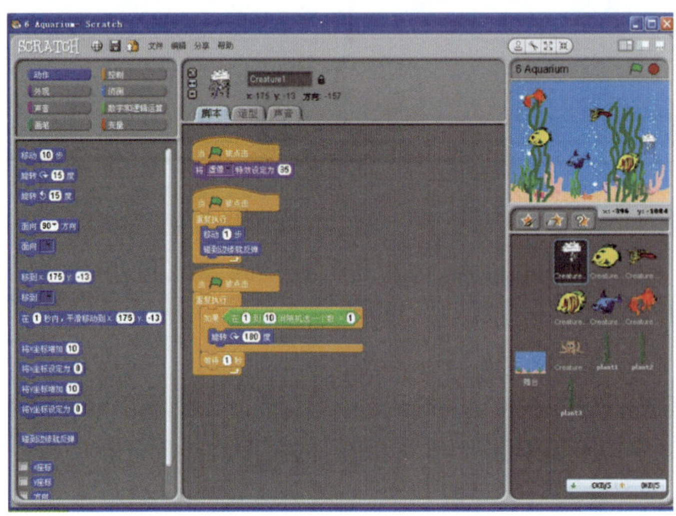

图 3.4-25　Scratch1.4 界面

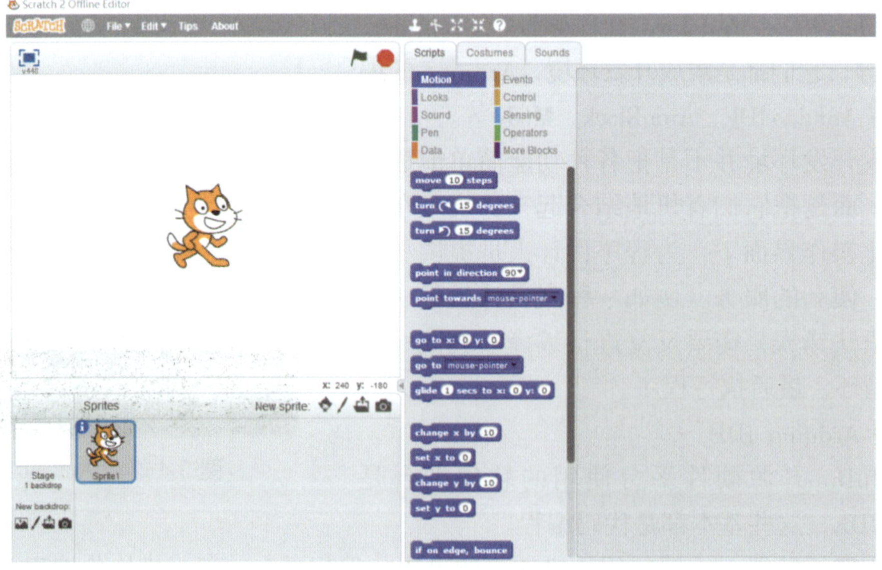

图 3.4-26　Scratch2.0 界面

官方网站提供了软件下载和在线制作，如果你的网络环境较好，推荐使用在线版，在官方网站（https://scratch.mit.edu/）的网页底部可以修改为中文，点击右上角的“加入Scratch社区”，按照提示注册（你需要拥有一个电子邮箱），注册成功后，你可以随时将项目保存在在线平台上，在任何地方只要有网络就可以打开使用，可以使用图文、视频在线教程（英文居多），还可以进入社区跟全球的学习者一起讨论。如果没有网络，你应该提前下载安装本地版，但请注意保存你的项目到本地硬盘。

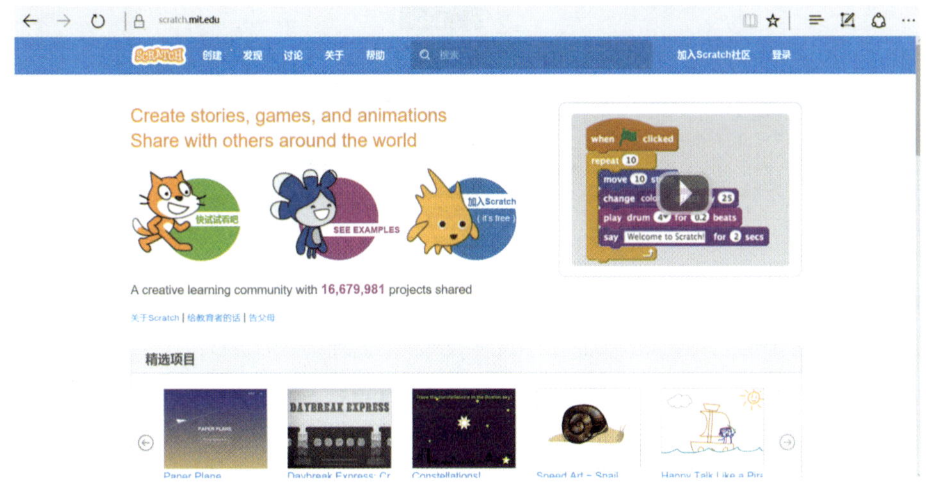

图 3.4-27　Scratch 官网界面

（3）mBlock

基于 Arduino 编程环境的第三方软件 mBlock 是 Makeblock 工具下的可视化编程平台，能够将积木块程序转换成 Arduino 的程序代码。

· 基于 Scratch

由麻省理工学院媒体实验室 MIT Media Lab 开创，已被诸多学校用于 Scratch 开发。除此之外，还做出了 200 多项的改进。

· 易于使用

串口、Arduino 驱动等已经整合到安装包，唯一需要的是 120MB 左右的磁盘剩余空间。

· 方便将程序上传至 Arduino

创作的拖拽程序块可以上传到 Arduino，甚至能在拖动积木块的时候看到生成的程序代码即时变化。

· 支持更多硬件

mBlock 支持 Arduino Uno / Leonardo / Mega（2560）和各种 Makeblock 出品的主控板（mBot mCore, Orion, Ranger Auriga, megaPi）。

· 开源、可扩展

可以自己增加积木块和主控板支持，可以在 Github（开源软件平台）上下载源代码。

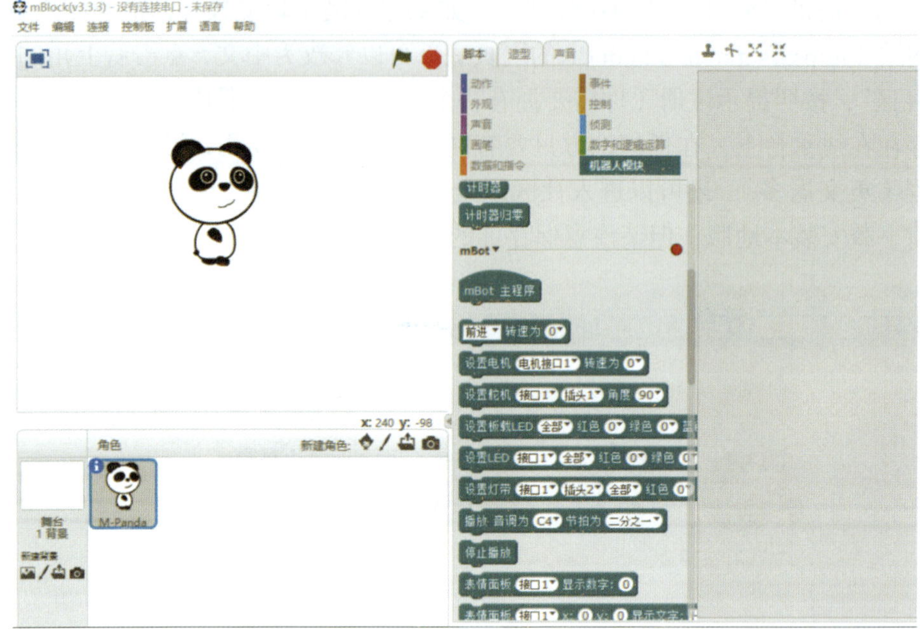

图 3.4-28　mBlock 软件界面

四、在线编程平台

1. 好好搭搭网站（www.haohaodada.com）

与前面介绍过的 Scratch 官网一样，好好搭搭网站同样也提供在线 Scratch 制作和在线学习教程，好好搭搭对中文的支持更好，但其学习教程在用户体验和内容丰富程度上都不及 Scratch 官网。尽管如此，好好搭搭仍然是国内少数可以免费使用的在线学习平台之一，它还提供一些 Arduino 的在线制作以及相关教程。为了更好地使用好好搭搭网站，最好先在网站上进行用户注册，这样才能充分利用网站在在线编写程序、交流作品、在线学习编程等方面的课程。

2.Code.org

Code.org 既为名称，也为网址，是由美国一个非盈利性组织建立的。这是一个非常好的学习编程的网站，该网站呼吁“在每个学校每个学生都应该有机会学习计算机科学”。该网站为全球“编程一小时”活动的主网站，可利用该网站开展编程一小时的课程。

图 3.4-29　Code.org 宣传片

名人推荐：Code.org 拍摄了公益广告来呼吁社会各界学习代码，在这段视频中，数名家喻户晓的科技名人，包括比尔·盖茨、马克·扎克伯格、杰克·多西等，都呼吁让少年儿童参与到计算机编程中去。想看看这些科技大师是怎么说的吗？请扫二维码了解更多详情。

教程指导：code.org 网站还和微软、迪士尼等公司携手，共同发布了针对学生和教育工作者的《我的世界（Minecraft）》《冰雪奇缘》《植物大战僵尸》等游戏软件，它利用游戏化的学习过程让我们了解编程技巧，鼓励自由探索，插入各种模块，完成所有的操作，最终生成计算机代码。

马上行动

一、开始你的 Scratch 项目

制作要求：制作小猫向城堡出发的动画效果。

制作说明：猫友汇——好好搭搭网（http://www.haohaodada.com）支持在线编程和在线学习，请借助“Scratch 开源课程”，设计小猫“抓抓”向城堡走去的动画效果。之后，在好好搭搭网站上分享你的创客作品。

二、开始你的 code.org 编程

制作要求：使用代码模块，带史蒂夫或艾莉克斯在《我的世界》这个游戏中，展开一场冒险。

登录网站：code.org/minecraft，选择语言为中文，按照提示进行学习。

三、开始你的第一个 Labplus 项目

制作要求：通过声音的大小来控制风扇的转速。

制作说明：Labplus 是盛思在 Scratch 2.0 基础上研发的一款专门针对中小学生学习编程的图形化软件，支持的盛思硬件产品序列包括盛思魔盒、盛思实验箱、盛思数字化、盛思机器人，同时也支持 Arduino 开源硬件。本例使用的是 Labplus 软件和盛思实验箱。

Labplus 软件一般随产品提供，安装过程较为简单，软件界面和 Scratch 2.0 相似，多了一些设备、连接和盛思模块按钮。

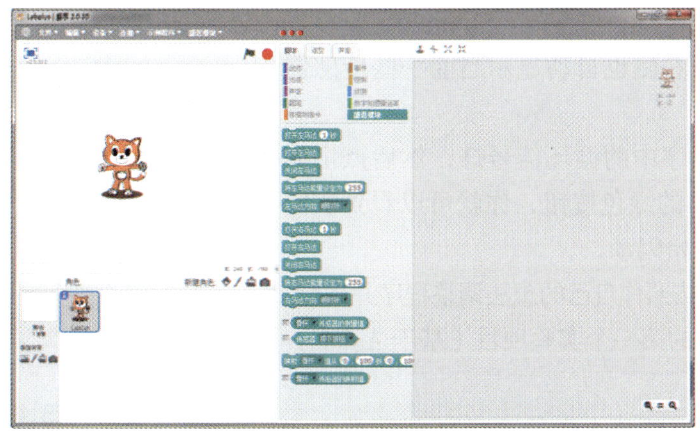

图 3.4-30　Labplus 界面

物理连接：使用设备自带的数据线，连接电脑 USB 接口。

驱动安装：点击顶部盛思模块按钮，选择安装实验箱驱动，如图 3.4–31 按提示进行安装操作，安装完毕后有相应提示。

在设备中也选择相应的实验箱，如图 3.4–32。

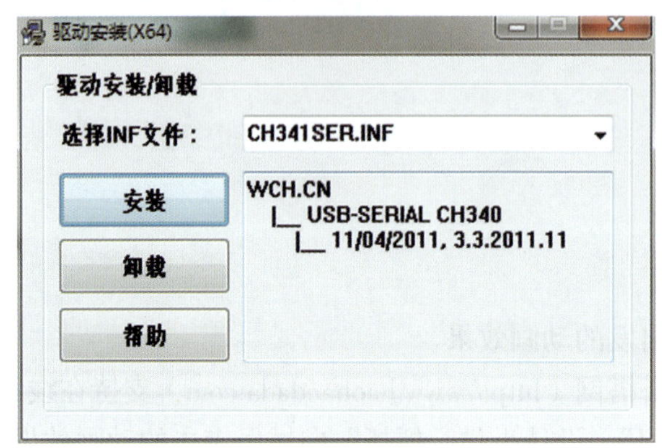

图 3.4–31　驱动安装界面

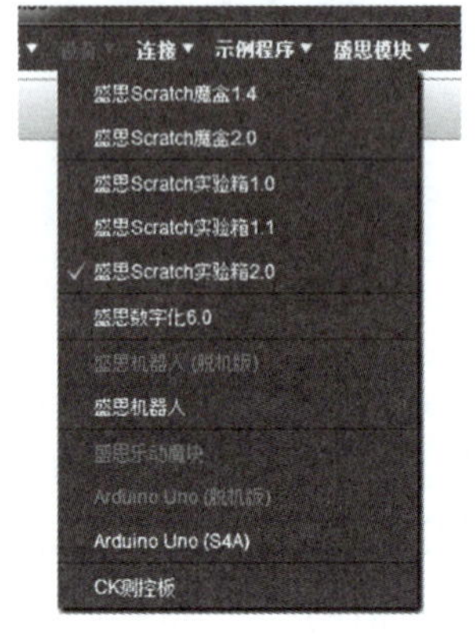

图 3.4–32　选择设备界面

在连接中选择相应的端口，如图 3.4–33 一般选最后一个，你可以多试几次。

如果以上操作都没问题，你会看到如图 3.4–34 所示的三个红点变为绿色。

图 3.4–33　选择端口

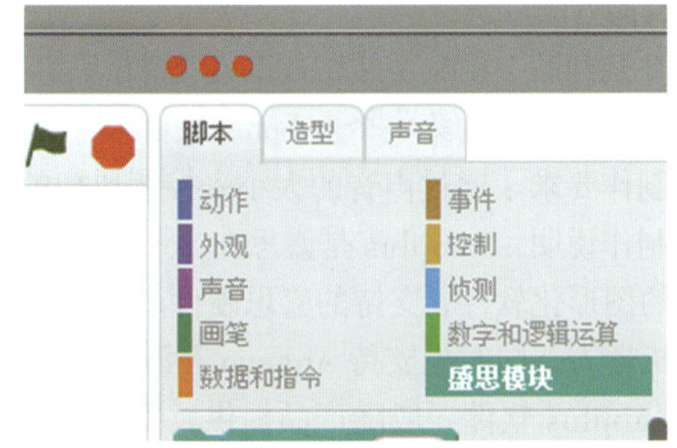

图 3.4–34　没有连接时的界面

连接成功后右侧也自动显示当前一些传感器的数值。

选择示例程序中的循环信号灯，然后点击如图 3.4–35 所示中的绿色按钮，你就可以看到实验箱上的信号灯开始闪动。

延伸：尝试按照你自己的想法调整程序并运行。

四、开始你的第一个实验项目（基于 Arduino+Mixly）

Mixly 是北京师范大学教育学部创客教育实

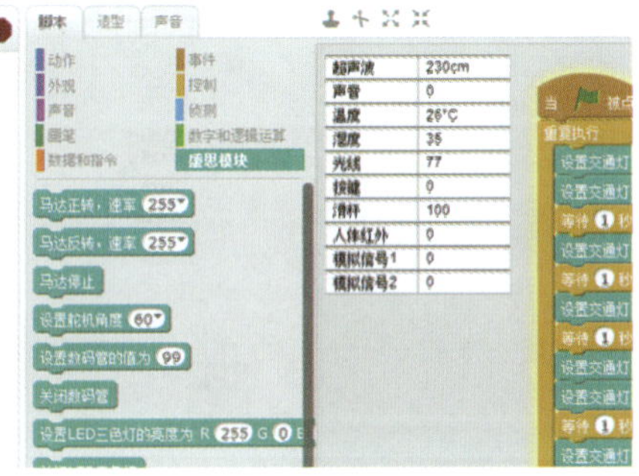

图 3.4–35　红绿灯示例程序

验室提供的免费图形工具，Mixly 只能在安装了 Java8 的机器上使用，一般 Windows 系统的计算机没有预装 Java8 环境，你可以在网上搜索下载，请注意 Java8 分为 64 位和 32 位。Windows7 和 Windows10 请在“计算机”或“此计算机”上点击右键选择属性，查看系统版本，如图 3.4-36 显示是 64 位，你就需要下载 64 位的 Java8 安装程序，安装过程此处不再叙述。

系统	
分级:	7.8 Windows 体验指数
处理器:	Intel(R) Xeon(R) CPU E3-1230 v5 @ 3.40GHz　3.40 GHz
安装内存(RAM):	16.0 GB
系统类型:	64 位操作系统
笔和触摸:	没有可用于此显示器的笔或触控输入

图 3.4-36　查看系统版本

下载到的 Mixly，解压得到名为 Mixly 的目录，结构如下：

- Arduino-1.xx　　Arduino　官方程序
- Blockly　　Mixly 主要图形代码
- Mylib　　自定义扩展库
- Sample　　系统自带例子
- Setting　　系统配置文件
- testArduino　　系统临时文件
- Mixly.jar　　可执行 java 程序，双击执行即可。

名称
- arduino-1.6.5
- blockly
- mylib
- sample
- setting
- testArduino
- Mixly.jar

图 3.4-37　解压过后的文件夹结构

制作要求：使用 Mixly 软件编写程序，控制 Arduino 板上自带的 LED 灯闪烁。

制作说明：Mixly 兼容原生的 Arduino 开发板。Arduino 开发板自带一个 LED 灯，接通电路并发送一定指令后，LED 就会闪烁。

物理连接 : 通过 USB 线把 Arduino Uno 和电脑相连。

驱动安装 : 驱动程序在 Mixly\drivers 中。

在“计算机”或“此计算机”上点击右键，选择管理，打开设备管理器，更新驱动程序。如图 3.4-38。

点击浏览计算机以查找驱动程序软件，如图 3.4-39，选择 Arduino-1.X.X(X 代表任意数字，指版本号）文件夹下的 drivers 文件夹，然后点击确定。

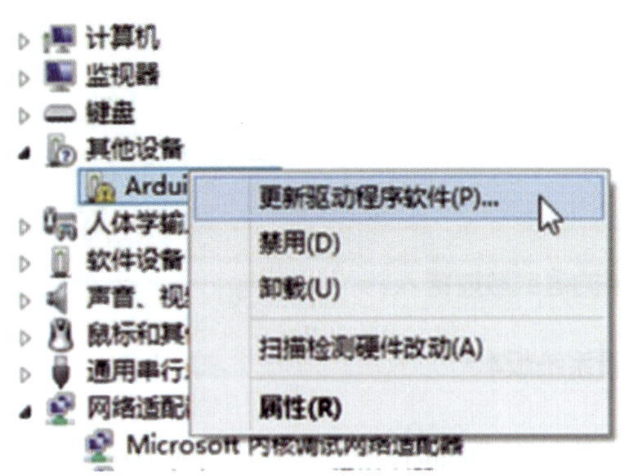

图 3.4-38　点击更新驱动程序软件选项

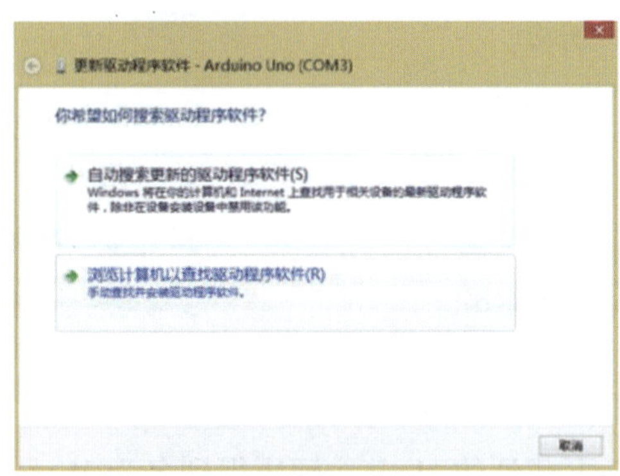

图 3.4-39　选择手动安装驱动

图 3.4-40　在设备管理器中查看端口

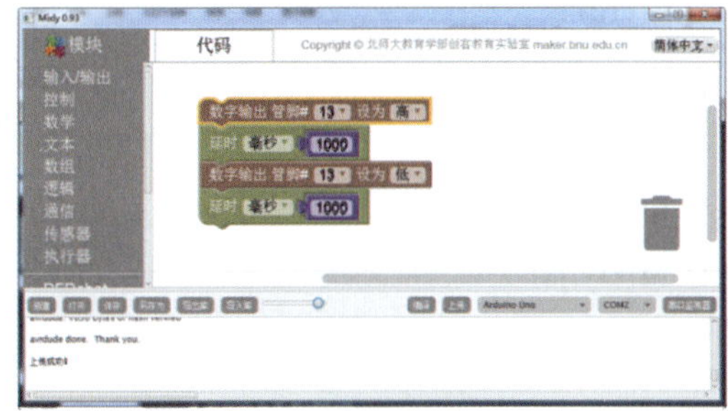

图 3.4-41　编写代码

安装成功后会出现一个新的端口 Arduino Uno（COM4）, 如图 3.4-40。

· 启动 Mixly: 双击 Mixly 目录下的 Mixly.jar。

· 代码编写 : 编写代码如图 3.4-41，此代码将使板载 LED 灯闪烁。

· 编译 : 点击编译按钮，最终会显示编译是否成功。

· 上传 : 编译成功后，选择对应串口，点击上传按钮。如果没有问题的话，最终会显示上传成功 , 你可以看到 Arduino 上的 LED 灯（标志为 L 的 LED 灯）开始闪烁，如图 3.4-42。

图 3.4-42　板载 LED 灯开始亮起

链接延伸

了解了自动化和智能化之后，观察我们的日常生活中有哪些典型的例子呢？我们可以从我们经常所处的两个场所去发现。

学校：进入学校大门，大门口的传感器检测到你校服上的芯片，系统就会推送一条手机短信或者微信到家长的手机，提示你已经安全到达学校。进入教室，教室内的感应器感应到你校服上的芯片，会记录你的到班时间，自动向你的移动学习终端推送最新的学习信息和校园活动消息，并且自动同步你移动学习终端中的学习资料和家庭作业，上传至学校的数据分析服务器，进行相应的汇总和处理。当你进行体育运动的时候，你佩戴的运动手环可以随时检测到你的各项身体指标，全班学生的身体指标随时反馈在老师的平板电脑上，老师可以根据相应的指标展开针对性的指导和训练。同样原理，你放学走出校门，家长也会收到相应通知。

家庭住宅：当你走出校门，家里的人体感应器感应到家中无人，并且温度高，就会自动通过红外信号控制器打开空调，设置好温度。你回到家之后，手环上的传感器和房间里的传感器交换数据，会为你设置好最适合你的温度和湿度，并根据身体指标提醒你进行就餐、喝水、运动等。就餐时，电视为你推送最近的节目和新闻。写作业超过一定时间会提醒你坐得太久，应该起来进行运动。躺到床上进入睡眠准备状态时，音响会为你播放舒缓的广播或音乐，灯光自动为你调整强度。在你睡眠的过程中，手上的手环仍然通过各种传感器不断地搜集你的睡眠状态，记录你的身体指标。早晨到了要起床的时间，手环会根据睡眠叫醒理论有规律地发出震动，保证可以从深度睡眠中轻轻唤醒你，开始新的一天。

自动化和智能化在我们的生活中必将变得越来越普遍，以上这些情景，有些已经有相应的产品面世，但是更多智能化的生活用品需要大家一起去创造。学习好相应的创客技能，你也可以提出你自己的智能化创意，甚至做出相应的作品。

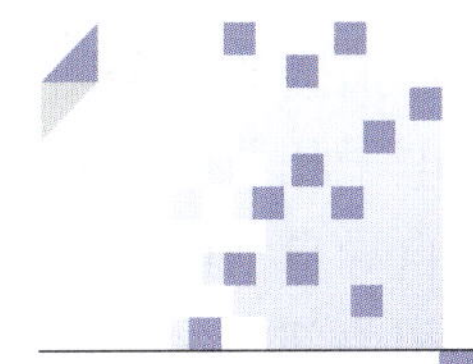

3.5　快乐分享

情境引入

我真的无法用语言描述此时的心情，我想跳起来，大声地告诉所有的同学：“我设计的汽车用 3D 打印机打印出了成品！”我多么希望所有的同学都来分享我的快乐！为了这个实验项目，我整整用了周末的两天时间，有时连饭都顾不上吃，而且用掉了许多打印材料。在这个过程中，我经历了身体和心理的双重磨难，困惑、疑虑、苦思冥想……功夫不负有心人，在我感到“山重水复”之际，突然“柳暗花明”。这种豁然开朗、把创意变成现实的感觉，简直无法用语言形容！谁能告诉我用哪种方式分享更好？

知识注解

一、分享的意义

大家有没有过这样一种感受：感觉自己迫切需要与他人分享自己的心情。这种心情可以是快乐，也可以是忧伤。而分享之后呢？是满足，是坦然。分享思想，会变为智慧的思考者；分享经历，会感受多彩的人生；分享快乐，会让整个世界都充满欢笑。

创客，就是酷爱创新、热衷实践，把各种创意变为现实并乐于分享的人。没有分享，就没有人类社会的整体进步。作为人类社会的一份子，分享和传播知识是每个人应尽的义务，将分享作为乐趣则是一种良好的品格和习惯。

二、分享的方式

分享自己的快乐有许多种方式：如将学习成果在组内、班内、校内交流；把你的心得、经历写成文章，投到报刊杂志发表；自己建立微信公众号、开通微博、建立网站，或通过 QQ 群、QQ 空间、微信朋友圈等形式，将自己的一些创意产品、拍摄的精美图片放到网上；使用美篇、易企秀、初页等软件，制作自己的产品说明或电子相册；联合同学，围绕某个知识点拍摄一节课，上传到网上供大家浏览学习；自编自导自演的校本剧、微电影、微视频等；开展社会调查，将撰写的调查报告和建议送交相关部门；利用 PPT 课件，在学生集会等公开场合汇报自己的成果、发表讲演；将自己准备投放市场的产品或印刷的出版物，放到众筹网上展示，开展众筹活动；积极参与学校或各级组织开展的创客嘉年华活动等。

案例分析

案例一：校园拍客在行动

二十年前，朋友之间联系主要靠信件，通过邮政渠道交笔友；二十年后，朋友之间联系主要靠手机，通过无线电波交网友。二十年前，如果能把自己写的文章变成铅字，那将是一件让人非常羡慕的事；二十年后，如果能在屏幕上看到自己熟悉的身影，也是一件让人兴奋的事情。随着教育信息化的发展，许多学校都建有校园电视台，许多班级都有自己的微信朋友圈或 QQ 群，不用专业设备也可以让自己的文章变成印刷体或视频，通过网络等形式分享给大家。

在郑州市第三十一中学、郑州市第七十六中学和黄河科技学院附属中学等学校就活跃着这样一支队伍，他们或成立校园拍客社团，或成立校园星愿剧组，将校园中的亮点、社会上的热点、课堂上的重难点等，通过 DV 或手机拍摄下来，经过编辑制作，举行校园微电影展播，通过学校网站或班级群将微课上传供大家学习，或将一些作品报送参加各类拍客大赛等。这些学生在老师的带领下，自己编写剧本，自己选拔演员，自己导演拍摄，监制、导演、摄像、剧务、灯光、音响、化妆、后期制作等全部由师生共同完成，当他们看到自己历经千辛万苦制作的作品在学校公开展播或获奖时，他们的喜悦是无法言表的。劳动创造快乐，分享体现价值。

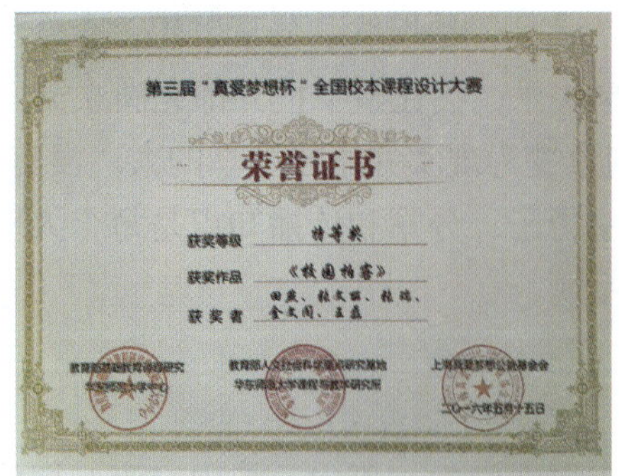

第三届"真爱梦想杯"全国校本课程设计大赛

荣誉证书

获奖等级　特等奖

获奖作品　《校园拍客》

获奖证书

CERTIFICATE OF AWARD

一等奖

获奖单位：黄河科技学院附属中学

作品类别：校园专题

二〇一五年十二月

获奖证书

CERTIFICATE OF AWARD

一等奖

获奖单位：黄河科技学院附属中学

作品名称：《对话》

二〇一五年十二月

图 3.5-1　获奖证书

图 3.5-2 校园拍客在行动

案例二：再版巅峰想象——分享的快乐

可口可乐推出了一款 App“再版巅峰想象（Hilltop Re-Imagined）”，通过该 App，用户可以免费送给世界上某个陌生人一瓶可乐，与世界分享自己的心情。用户在手机上安装这款应用，一键点击并选择目的地，这个地方特定位置的自动饮料售卖机里就会出现一瓶可乐送给路过的陌生人。同时用户会收到一段动态发送视频，好像这瓶可乐飞跃高山大海到达了目的地。用户还可以编辑个性化的短信息（由谷歌翻译为当地语言），售卖机的屏幕上会显示这条短信息给收到可乐的人，同时录下这个收到可乐的人的反应，返回给发送者。

“再造经典广告（Project Rebrief）”是谷歌针对数码电子一代推出的对历史上经典广告再创作的项目。可口可乐的著名经典广告“巅峰想象”——一群人聚在山巅，大唱“他要给世界买瓶可乐”，是谷歌所选用来再创作的四大美国经典广告之一。

该 App 玩法简单，而且能体现用户的善良和快乐，同时连接地球另一端的陌生人，给这个人也带来快乐，因此引来很多用户参与，他们不仅参与到游戏中，而且对其进行自发传播，分享自己的快乐。赢得了用户好感的同时也获得了传播效应。

此次活动表达了快乐和分享的主题，这正是当下年轻人喜闻乐见的感受，可口可乐一直以时尚年轻为其品牌形象定位，能够再次赢得年轻消费者的关注正是其此次广告的目标。而谷歌大气领先的形象也再次深入人心，可口可乐和谷歌实现了双赢。

图 3.5-3 可口可乐“再版巅峰想象”

案例三：快乐源于创造

从 2006 年第一次接触开源硬件 Arduino 到 2012 年懵懵懂懂创业，再到 2015 年发售第二款消费电子级别的硬件产品，高某用 9 年时间把硬件从爱好变成了事业。

2012 年他做了个小玩意儿，希望把遍布在社交网络上的个人数据集合起来做数据可视化，让人一目了然地明白自己每天的习惯，区分好坏，从而改变坏习惯。就像在电子世界重现虚拟的自己，照镜子般自我调整。然后他做了款融合穿戴设备、健康管理、游戏养成的产品“新我运动手环”：为生活在异地的家人爱人跨越时间、空间，在虚拟世界中一同生活，在游戏激励下相互影响，一起达成健康新我的改变。

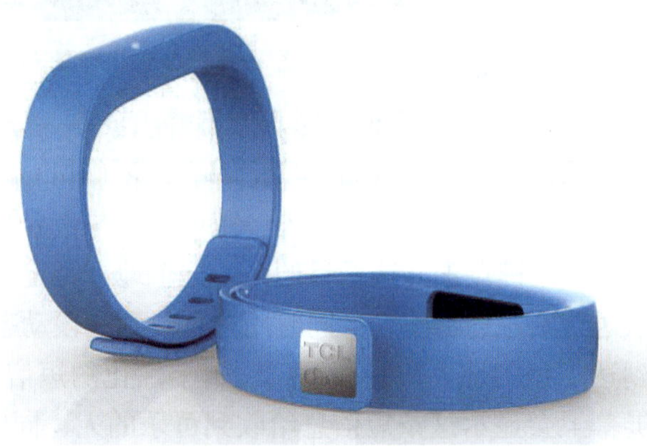

图 3.5-4　运动手环

再之后他进入健康市场，通过把小型运动健身设备进行游戏化改造，让大家利用零碎时间锻炼。最初没什么人看好，但它被完成时，受到了用户的欢迎，渠道反应热烈，新一轮投资也很快到位。

从创客到创业，中间跨越了 9 年，支撑他走下去的原因多种多样，而创造带来的乐趣是很关键的力量，从花一个月时间搞明白一段代码，到花一年时间去做一款产品，本质上并没有什么不同。因为这些事情都给了他兴趣之外的使命感，驱动着他抱着“为身边人创造好产品”的目标走下去。作为社会中的一员，他渴望通过这种形式为人们服务，在时代中留下一丝印记，从而能更加深入生活，体会创造、分享带来的快乐。

马上行动

1. 任选其中一种形式（网页、微博、微信公众号、微信朋友圈、QQ 群、QQ 空间等），尝试分享自己在学习、生活、发明创造等方面的心得和成果。

2. 根据自己的兴趣和专长，从手工、木工、纸艺、电子电器、机器人、3D 打印等方面选择一个自己擅长的项目，动手制作一个物品，并分享给同学。

链接延伸

理想主义的“互联网之父”——蒂姆·伯纳斯－李

2004 年 4 月 15 日，在芬兰的埃斯波市，芬兰技术奖基金会将全球最大的技术类奖“千年技术奖”授予了时年 49 岁的英国物理学家蒂姆·伯纳斯－李 (Tim Berners-Lee)。这位万维网 (World Wide Web) 的发明人在成为世界上首位“千年技术奖”得主的同时，也获得了生平最大的一笔的奖金，共 100 万欧元。

当人们打开电脑，感叹着互联网的强大的同时，很少有人想到这一切竟是由一人之力创造的。1955 年 6 月 8 日，伯纳斯－李出生在英国伦敦的西南部，他的父母都是英国计算机界的名人，曾参与了英国第一台商用计算机的研制工作，他从小耳濡目染。在牛津大学的王后学院学习期间，他就用从旧货商店花 7 美元买回的电视机，与 M6800 处理器、烙铁、电路板组装出了自己的第一台电脑。

从牛津大学毕业后，伯纳斯－李先后进入了 Plessey 通讯公司和 D.G. Nash 技术公司工作，但他真正开始研究互联网是在加入日内瓦的 CERN（欧洲粒子物理研究所）后。作为一名软件工程顾问，他编写了一个名为“Enquire”的信息处理工具，它就是 WWW 的最初概念。经过一番努力，1989 年，伯纳斯－李在 Enquire 的基础上提出了利用 Hypertext(超文本) 重新构造信息系统的设想，并设计出供多人在网络中同时管理信息的超文本文件系统。1990 年，他在当时的 NeXTStep 网络系统上开发出了世界上第一个网络服务器 (Web Server) 和第一个客户端浏览编辑程序 World Wide Web(WWW)。同年 12 月，CERN 首次启动了万维网并成立了全球第一个 WWW 网站 info. cern. ch(至今仍是 CERN 的官方网站)，第二年万维网开始得到广泛应用。在此之后，伯纳斯－李又相继制定了互联网的 URL、HTTP、HTML 等技术规范，并在美国麻省理工学院成立了非盈利性互联网组织 W3C，一直致力于互联网技术的研究。

因为在互联网技术上的杰出贡献，伯纳斯－李被业界公认为“互联网之父”。他的发明改变了全球信息化的传统模式，带来了一个信息交流的全新时代。然而比他的发明更伟大的是，伯纳斯－李并没有像其他人那样为“WWW”申请专利或限制它的使用，而是无偿地向全世界开放。伯纳斯－李的之一举措虽然使他失去了在财富上与比尔·盖茨一比高低的机会，却为互联网的全球化普及翻开了里程碑式的篇章，让所有人都有机会接触到互联网，也圆了那些 .com 公司创建者们的富翁梦。即便如此，伯纳斯－李仍然十分谦虚，总是以一种平静的口气回应：“我想，我没有发明互联网，我只是找到了一种更好的方法。”

即使在今天，伯纳斯－李的名字对于大众来说多少还有些陌生，很多人甚至从未听说过他，但对于那些互联网公司的 CEO 们，他永远是他们心中的偶像。《时代》周刊将伯纳斯－李评为世纪最杰出的 100 位科学家之一，并用极为推崇的文字向大家介绍他的个人成就："与所有的推动人类进程的发明不同，这是一件纯粹个人的劳动成果……万维网只属于伯纳斯－李一个人……很难用语言来形容他的发明在信息全球化的发展中有多大的意义，这就像古印刷术一样，谁又能说得清楚它为全世界带来了怎样的影响。"

第四章 创客案例

创客不是遥不可及的，创客就是你我他。本章的五个案例，分别选自小学、初中、高中、大学各个阶段，希望大家能通过这几个案例，有所启发、有所感悟，能积极思考、大胆动手、勇于实践、善于创新，让自己的青春五彩缤纷。

加油，创客们！

4.1 机器人模拟物流分拣系统

【人物介绍】

赵良辰，郑州市二七区汝河路小学2006级学生，喜欢看科技方面的书，关注生活中科技变化的新闻，在小学、初中、高中时期，不间断地积极参与科技制作和发明创新活动，且表现突出，正一步步地实现他未来的创客梦。

图4.1-1 赵良辰

【项目背景】

2011年，10岁的赵良辰从日常生活中和新闻资料里了解到，在物流领域，货物快递分拣是一项非常繁琐的体力工作，由于劳动强度大，经常出现货物损坏、发错地方等问题，他随即想到，能不能利用自己学的机器人技术解决这个问题呢？通过网上查阅资料，发现美国航空物流非常的智能现代化，更增强了对这个项目研究的信心，于是开始研究制作“机器人模拟物流分拣系统”。

【项目内容】

机器人模拟物流分拣系统由传送部分、货物分拣器、货物仓储等组成。其中传送部分主要有传送架和传送带形成的货物运送流水线；货物分拣器包括货物要到达目的地的信息识别和货物推送装置。项目首先利用光电传感器对传送带上要到达不同地点的货物进行识别（货物上有不同颜色的标签，如郑州红色、开封浅黄色、洛阳黑色等），然后把信息传递到控制核心，同时控制核心对推送装置发出指令，把货物推到相应的传送带上或者直接推进仓库。该模拟系统有效地向人们展示了现代机器人技术在工作生活中的应用，有效地降低了人的劳动强度，减少了货物发错、损坏的现象。

【研究过程】

（1）准备搭建流水线支架的基础材料：传送带、电机、控制核心、光电传感器等，并画出设计图；

（2）搭建传送支架，安装传送带；

（3）运用推杆、齿轮、电机、传感器等材料制作分拣器；

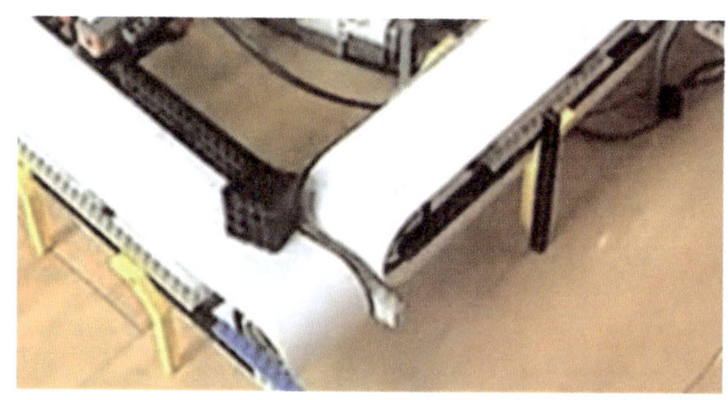

制作分拣器

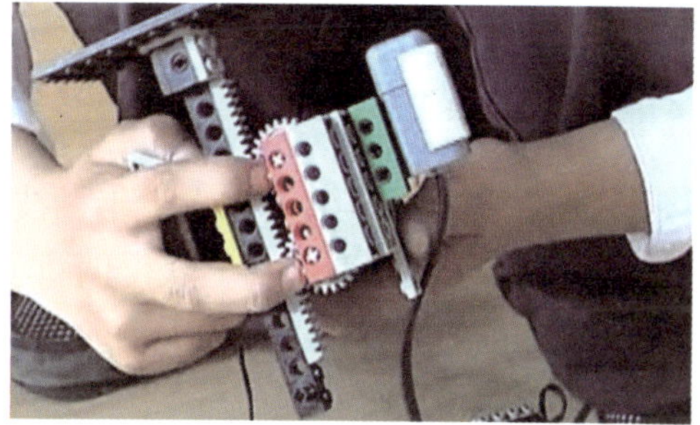

制作分拣器

图 4.1-2　制作步骤

（4）编写程序；

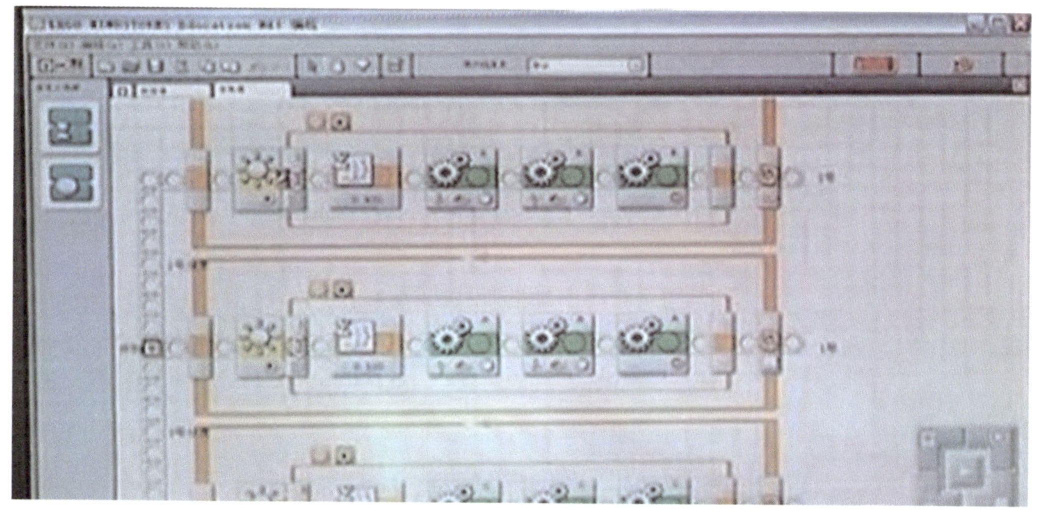

图 4.1-3　编写程序

（5）组装调试。

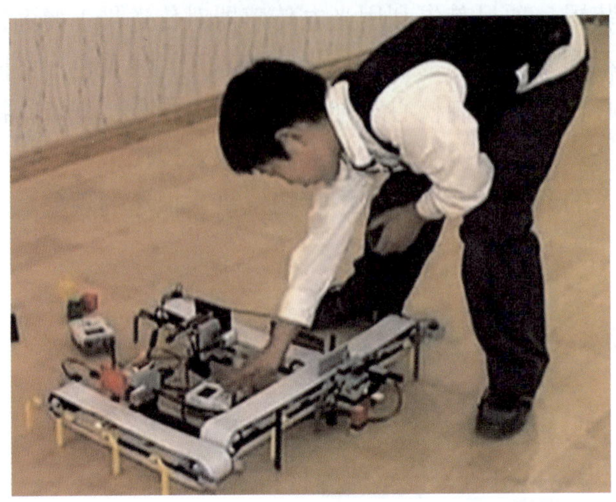

图 4.1-4　组装调试

【项目成果】

该项目在 2011 年河南省青少年科技创新大赛上获得创新项目成果一等奖，在 2011 年全国青少年科技创新大赛上获得创新项目三等奖，受到河南卫视“我发明我快乐”栏目的专题报道。

图 4.1-5　“我发明我快乐”

4.2 多功能清洁地板机器人

【人物介绍】

王锦波、连鑫源，郑州市第四十二中学学生，郑州市第四十二中学机器人社核心社员，入校以来对科技、电子制作、机器人活动产生了浓厚的兴趣，通过两年多的社团活动，成为学校校园创客。

图 4.2-1 学生合影

【项目背景】

现在年轻人工作繁忙、压力大，下班后看到地面不干净，就只会想着明天再去清理，可第二天还是顾不上，久而久之家里总是脏兮兮的，还会影响自己的心情。于是在环保这一大主题下，我们把视角投向了这一新领域。

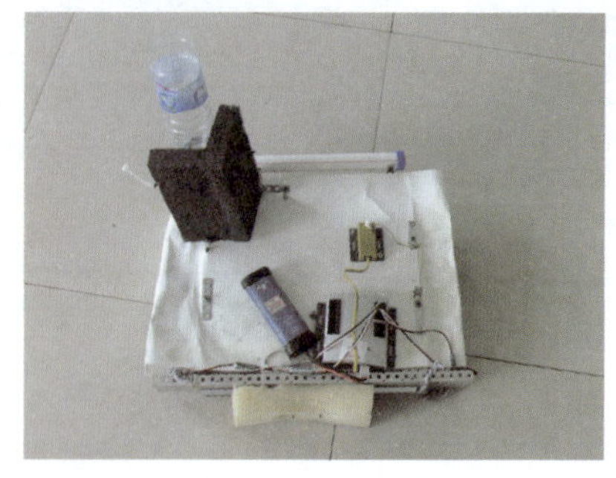
图 4.2-2　多功能清洁地板机器人

【项目内容】

设计这款多功能清洁地板机器人的目的是为了解决垃圾清扫不便的问题，同时还要具备以下突出优点：废物利用、消毒功能、批量生产性、清新空气、省时省力、低噪音、可帮运较轻物体、细节处理到位、声控导盲功能、娱乐功能。

【研究过程】

（1）小组成员各抒己见，进行激烈讨论，并利用各种渠道查找资料，与指导老师交换意见，不断解决了一系列预想之外的问题，最终制作成功。

（2）在此基础上，他们对现有设计方案进行了修改和创新，还提出了更多具有实用价值的设想，以期在未来的学习实践中加以运用，更好地完善该机器人的外观及使用性能，意将其发挥到极致。

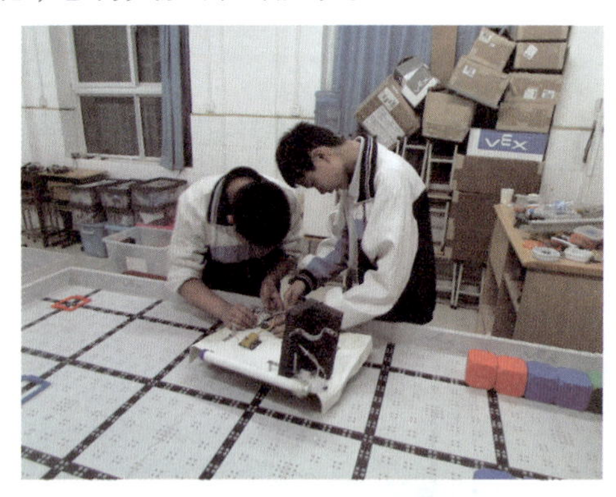

图 4.2-3　学生研制过程

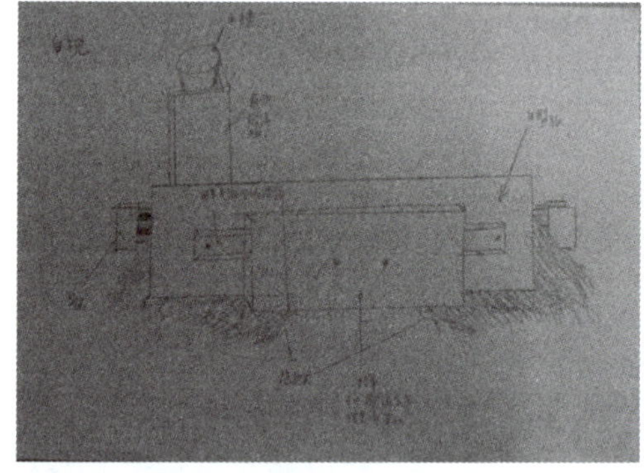
图 4.2-4　学生设计的图纸

（3）制作材料由 VEX 套装部分零件及家庭废弃物为配件组成，以环保为主题，进行搭建。

（4）以拖拽形式对家里灰尘进行清理，在水槽内放入水后沿点滴管向前方塑料水管进行传输，由塑料水管下方的五个小孔向地面滴水，后方拖把及海绵对水进行吸收，以便对水与灰尘拖拽清洁。

【项目成果】

该项目获得过第十五届中国青少年机器人竞赛银牌，第十五届河南省青少年机器人竞赛一等奖。在智能化机器人逐渐普及的未来，越来越多的服务型机器人将会为人类提供更高效、更优质的服务。相信本发明的创作理念及设计方案能够付诸于实际应用，投入工业生产，走进千家万户。

4.3 多功能婴儿床

【人物介绍】

刘君玥、金龙、姚贻帝、李佶哲，他们是郑州市第四中学学生，也是郑州四中 DIY 创新工作室（学生社团）成员。他们通过高中《通用技术》课程的学习，在社团活动中接触和了解到先进的技术手段，已经逐渐养成了在生活中发现问题、解决问题的好习惯，是一群爱好创新，喜欢动手、动脑的优秀高中生。

图 4.3-1 制作团队

【项目背景】

刘君玥同学的表哥家新添了一个小宝宝，为全家带来了许多欢乐，喜欢小孩子的她也经常去表哥家看望，却发现照顾小宝宝可不是件容易的事，喂奶、玩耍、洗澡、睡觉……每一样都要亲自去做的话也是很麻烦的。发现这一问题后她就和几个同学一起商量，决定设计并制作一款“多功能婴儿床”，能更简单、更科学地照顾小宝宝。

【项目内容】

多功能婴儿床具备三个主要功能：（1）通过声音传感器识别小宝宝的哭声，控制电动机带动偏心轮摇动婴儿床，达到安抚婴儿的目的，并设定当声音减弱时程序运行五秒后自动停止；（2）当小宝宝躺在婴儿床上晒太阳时，通过光电传感器识别光线强度，超过设定数值将自动控制床帘关闭，避免过强阳光对婴儿皮肤造成伤害；（3）设置奶瓶存放处，通过温度传感器和测量探头实时监测奶瓶温度并显示在数码屏上，便于方便、安全喂食。

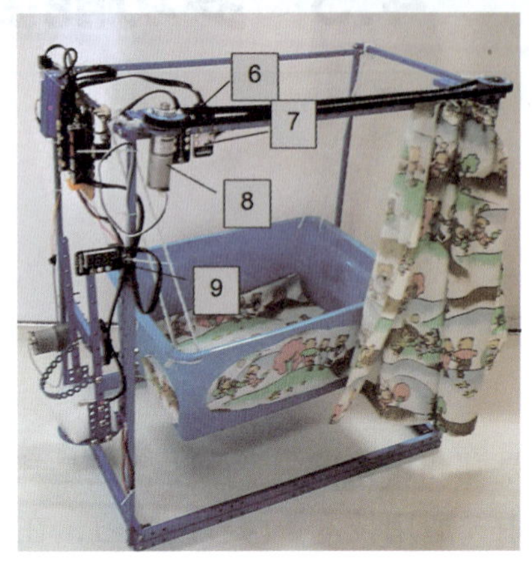

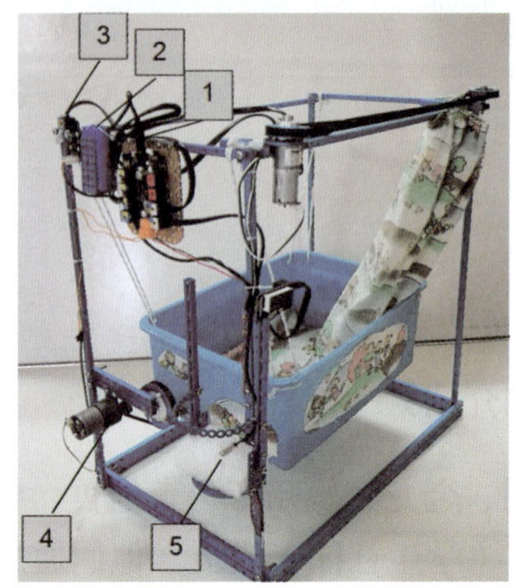

图 4.3-2　多功能婴儿床

多功能婴儿床的构成：

（1）Makeblock 主板：运行相关程序达到控制目的；

（2）电源；

（3）温度传感器 ：测量温度；

（4）电动机 1：摇动婴儿床；

（5）温度测量探头：测量温度；

（6）光电传感器：测量光线强度；

（7）声音传感器：测量声音强度；

（8）电动机 2：关闭床帘；

（9）数码屏：显示温度。

【研究过程】

（1）通过调查与分析，确定多功能婴儿床的三个功能，并制定设计方案；

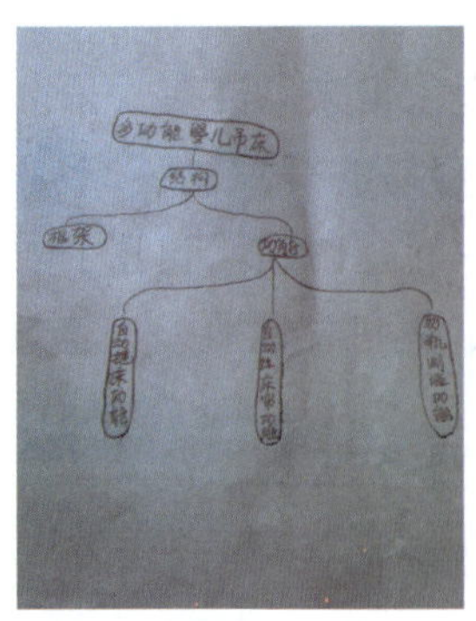

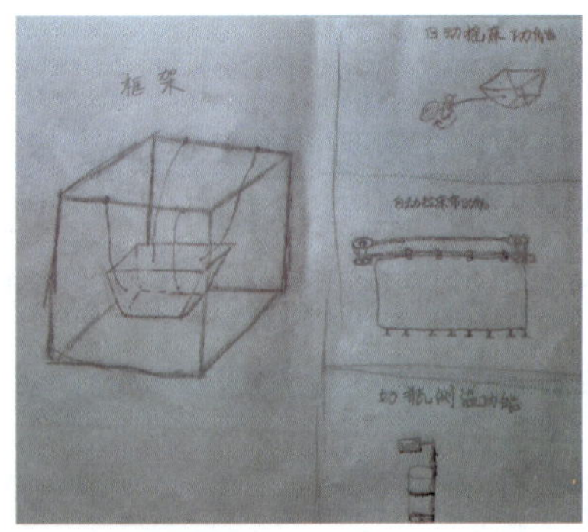

图 4.3-3　设计方案草图

（2）将 Makeblock 结构件和主板、传感器、电动机等按设计要求进行组装；

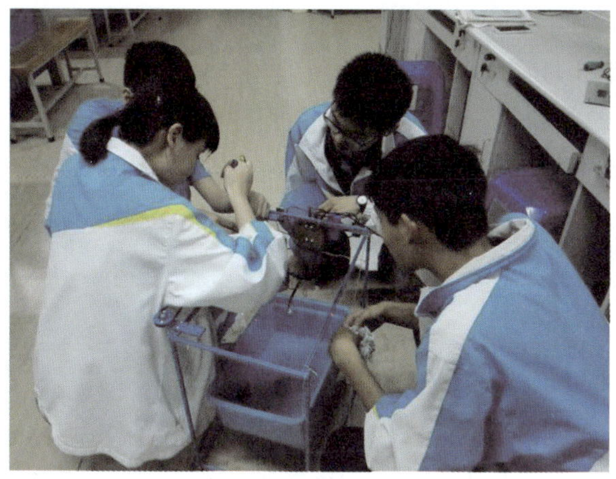

图 4.3-4　组装过程

（3）利用 Makeblock 相关软件编写程序并进行调试；

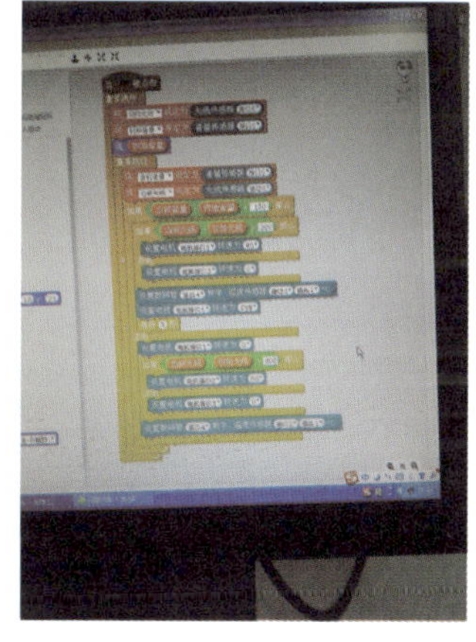

图 4.3-5　编写程序

（4）装饰及美化，做出最终的作品。

图 4.3-6　装饰

【项目成果】

该项目 2016 年 5 月在河南省第五届中学生技术设计与创新成果评选活动中展示，受到大家一致好评，并获得一等奖。

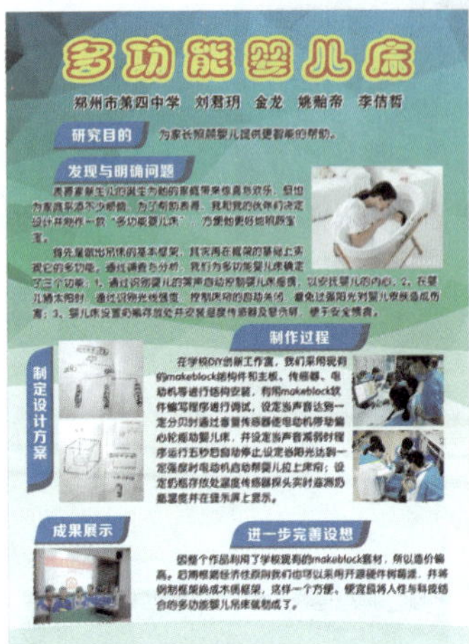

图 4.3-7　展示并获奖

4.4　“手语翻译官”
——智能双向仿生手语翻译系统

【人物介绍】

宋纪元，郑州大学机械工程学院 2013 级学生，郑州创客空间的创客主力、语通科技有限责任公司的负责人之一，郑州大学“创客之星”，全国励志成长成才优秀大学生，获得过第十届中国大学生年度人物评选入围奖、2015 年度“中国大学生自强之星”。

图 4.4-1　宋纪元

【项目背景】

有一次宋纪元在医院陪父亲透析治疗的时候，碰到一位奶奶想为聋哑的孙子购买一套能方便与正常人沟通的设备，而国内智能手语双向翻译的市场几乎一片空白，且中国内地听力残疾人却多达两千七百八十万，语言残疾人达一百多万，如何与正常人沟通与交流成为他们最大的困扰。以宋纪元为首的项目组希望运用机器人技术，开发出一套手语翻译系统，解决正常人与聋哑人之间沟通交流的问题。

【项目内容】

智能双向仿生手语翻译系统由手语翻译机器人和手语手势数据采集手套两部分组成。其中手语翻译机器人通过语音识别模块获得指令，并根据指令控制手臂和手指运动，实现语音转手势的功能；手语手势数据采集手套通过手套上的弯曲传感器、陀螺仪、加速度传感器等捕获手臂和手指的动作和姿态，识别手语动作，利用语音合成芯片发出语音，实现手势转语音的功能。

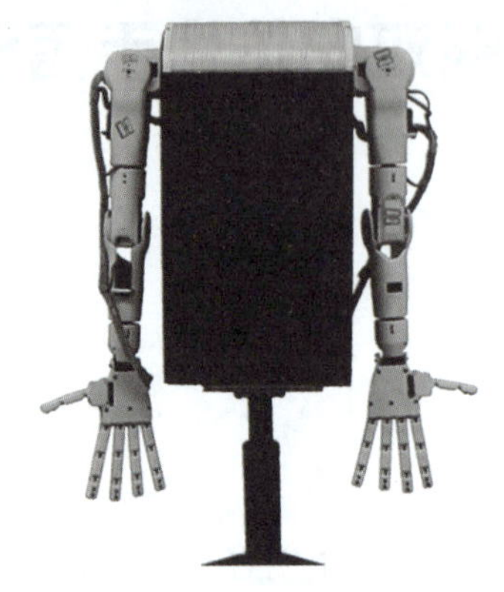

手语翻译机器人

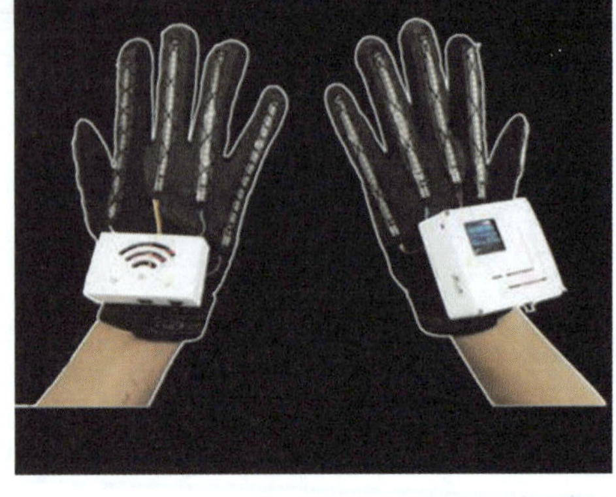

手语手势数据采集手套

图 4.4-2　智能双向仿生手语翻译系统

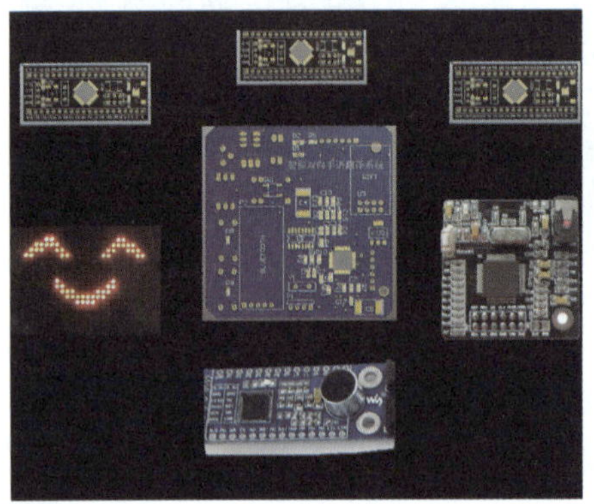

图 4.4-3　机器人核心模块

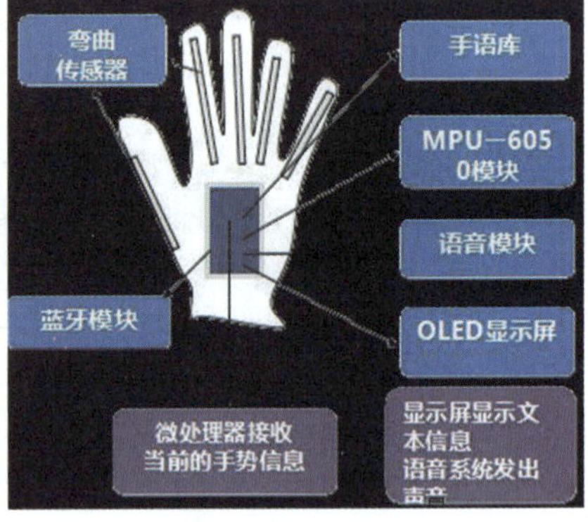

图 4.4-4　数据手套构成

【研究过程】

（1）使用建模工具进行仿生机械手臂的 3D 建模；

（2）使用 3D 打印机打印出躯干以及手指各部分零件；

图 4.4-5　3D 打印的仿生机械手臂

（3）使用激光切割机切割出亚克力黑色表情面板；

（4）进行电子电路的设计和焊接：将开发板、舵机、音响、麦克风等电子部件连接起来；

（5）编写程序并拷录进开发板进行手语姿态测试；

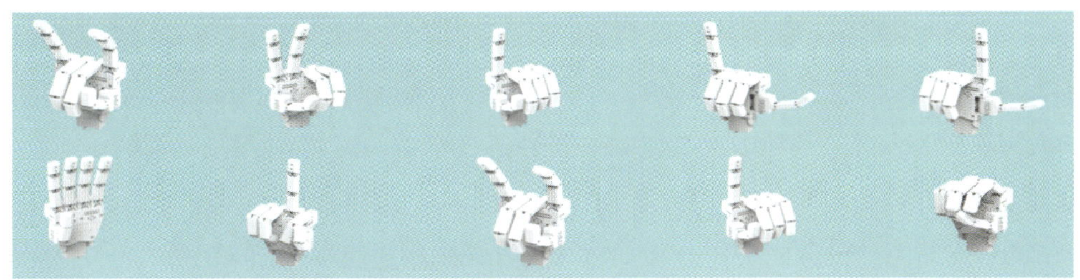

图 4.4-6 手语姿态测试

（6）进行整体组装，将 3D 打印的各部件、电子部分、亚克力面板组装在一起，形成成品；

（7）进行成品测试，不断调试，最终做出成熟的作品。

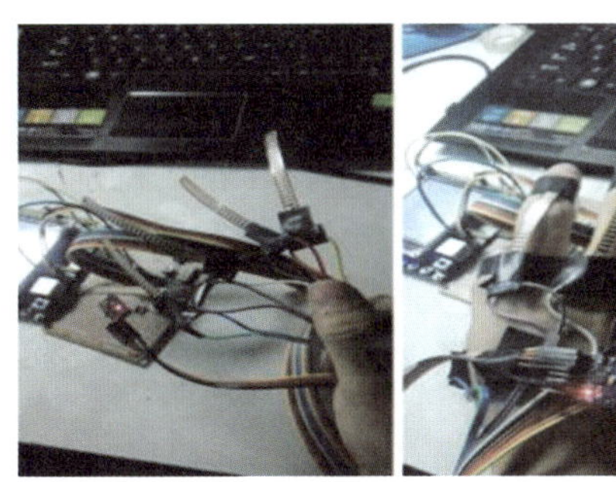

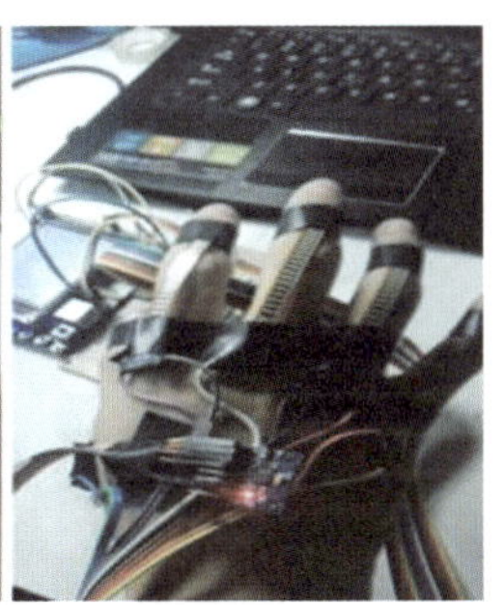

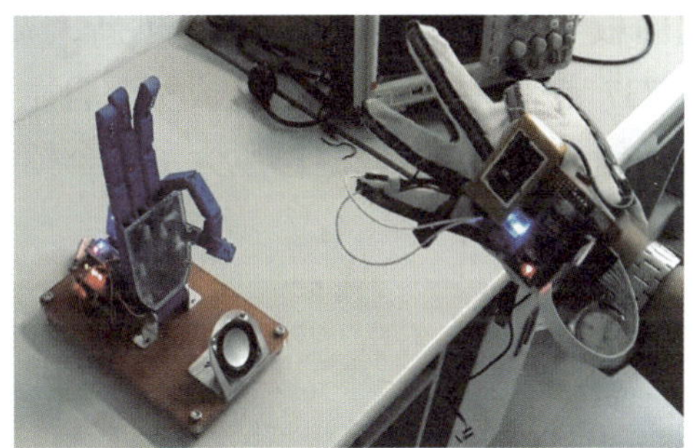

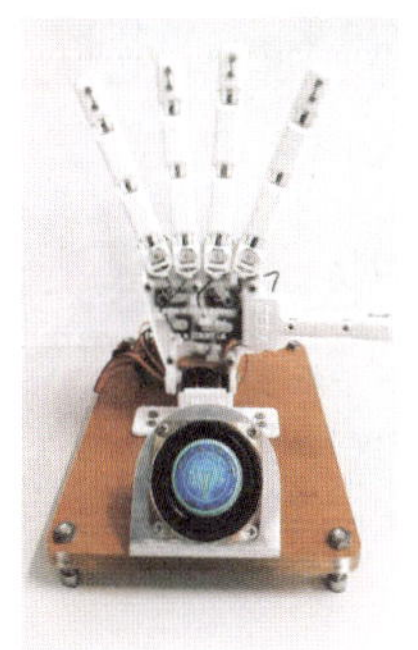

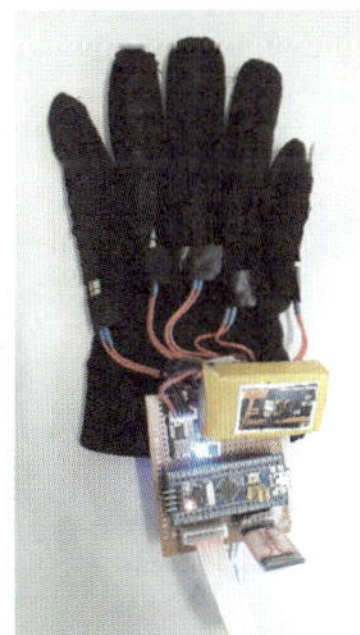

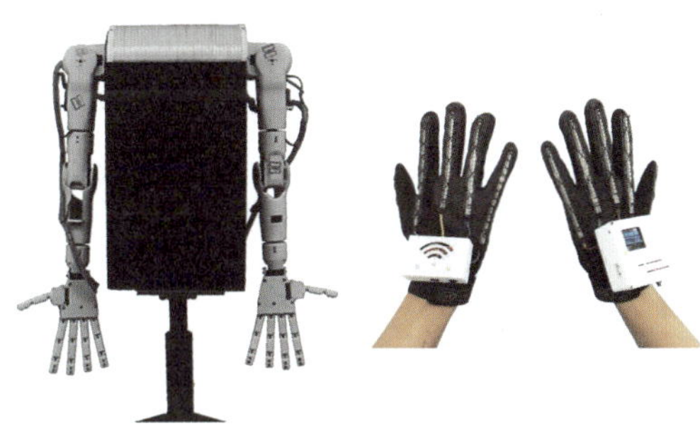

图 4.4-7 改进优化的过程

【项目成果】

该项目在 2015 年第九届国际大学生 iCAN 创新创业大赛中国总决赛中获一等奖，已在银行和聋哑学校试用并得到满意的评价，未来将会更多地应用于公益机构、公共服务场所或聋哑人家庭，为聋哑人的生活带来便利。

4.5 MCP 自动驾驶仪模式控制面板

【人物介绍】

赵思旭，郑州市第二中学 2015 届 10 班学生，2008 年开始接触并学习航空技术，2012 年参与开发航空教学设备，高二时自主研发航空教学设备“MCP 自动驾驶仪模式控制面板”并参加河南省青少年创新大赛。现在是信阳职业技术学院 2015 级学生，是波音 737 专业模拟仓研发团队成员。自主研发的“MCP 自动驾驶仪模式控制面板”已在海内外销售数百台，以赵思旭为主人公拍摄的纪录片《飞的代价》在 CCTV9《特别呈现》栏目播出。

【项目背景】

学习飞行就如同考汽车驾照一样简单，但是在汽车上新手上路难免有小剐小蹭，如果这些放到飞机上就会变得有些危险，那么为了避免学习飞行中这些可能出现的危险，采用模拟飞行培训的方式将大大提高安全性，并降低培训所需的成本。MCP 自动驾驶仪模式控制面板即为自动驾驶仪的模拟教学培训模块。

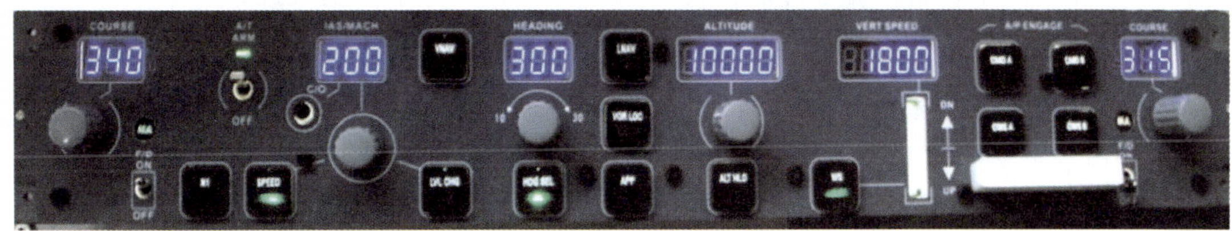

【项目内容】

通过对 MCP 自动驾驶仪模式控制面板的操作与模拟飞行软件相结合，达到模拟飞行驾驶操作的效果，操作带入感强，感受逼真，逻辑真实，有较强的练习效果，可以帮助更好地了解自动驾驶仪逻辑及正确操作方法。

MCP 是国内第一台自主研发的航空教学模拟训练设备。

MCP 是基于微软模拟飞行平台深度开发的硬件设备。系统逻辑参照 BOEING 737NG 自动驾驶仪系统逻辑，最大程度地还原真实飞行操作程序，并由航线机长亲测认证。

MCP 是基于单片机技术自行编程开发，并自行开发配套支持软件及自行设计电路板。

MCP 采用全手工打造， 无机械化生产， 选用 ARM 架构高速运算芯片，1∶1 高精度设计前面板及喷塑后壳，高度还原操作真实性。

MCP 采用 USB 链接，通过自行开发上位机程序支持，不断更新升级。

【研究过程】

（1）设计制图开模出厂成品，通过预组装模拟进行装配模拟设计，提前发现不足并解决问题，避免了生产后设计缺陷；

全尺寸

1:1真机尺寸

为了获得与真机相同的尺寸，我们多次进行真机采样对比，完全按照真实飞机的尺寸制作，并对真实飞机的手册彻底研究，操作逻辑与真机完全相同。十多次的电路修改，几十次的程序升级，按钮行程与真机完全一样。面板精琢细刻，历时两年的精心力作，将为您带来完美的真实体验。

MCP采用高运算速度的芯片。与软件匹配完美，几乎没有延迟，USB接口方便实用，并有一键升级功能，官方无限次的升级，直至完美，您将永不落伍。

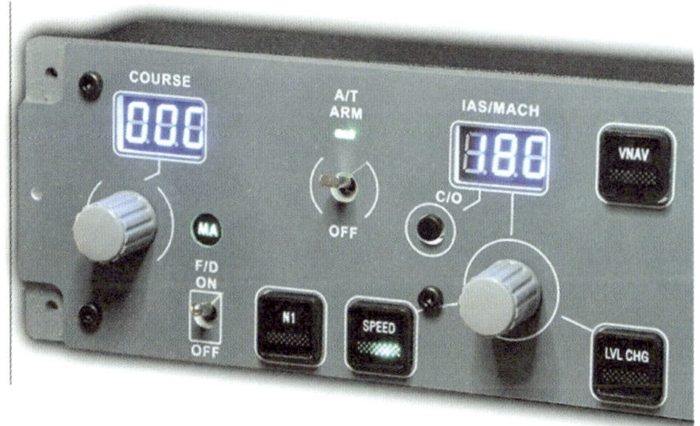

（2）生产线组装，通过对设计的图纸进行生产，并进行工艺精度等把控；

（3）写入程序调试，对芯片进行程序写入，并验证其逻辑正确性；

（4）测试相应功能，最后的出厂测试阶段，对每项实际操作进行测试，以保证正常使用。

【项目成果】

MCP 自动驾驶仪模式控制面板已在海内外销售数百台，设备表现优秀，用户体验优良，尚未发现重大缺陷。计划未来研发第三代 MCP 与 BOEING 737NG 全仓航空教学设备。